Inteligencia emocional para el liderazgo

Mejora Tus Habilidades Para Dirigir A La Gente Y Convertirte En Un Gran Líder - Aumenta Tu Autoconciencia Y El Carisma

José Pablo Fernández

Contenido

Introducción

Felicitaciones por descargar este libro, ¡y gracias por hacerlo!

Cada acción que hagas tendrá consecuencias. Cada encuentro que experimentes dejará una huella a su manera.

Depende totalmente de ti decidir el resultado y la forma en que elijas comportarte en cualquier situación difícil, especialmente una que te desafíe emocionalmente.

Una persona emocional que reacciona impulsivamente no tendrá éxito ni será un líder, pero una persona emocionalmente inteligente sí.

No es solo la inteligencia académica la que rige el mundo en el que vivimos. De hecho, se necesita una combinación de varios factores y tipos de inteligencia para lograr el verdadero éxito, uno de ellos es la Inteligencia Emocional (EQ).

La inteligencia emocional consiste en la capacidad de identificar, manejar y regular tus propias emociones. También se trata de ser capaz de identificar las emociones de los demás a tu alrededor, así como lo que haces con la información que recibes.

La inteligencia emocional se refiere a la capacidad de aprovechar esas emociones y utilizarlas de la mejor manera posible.

Las personas con altos niveles de Inteligencia Emocional viven una vida más feliz y satisfactoria, en la que siempre tienen el control. Comprenden que si permiten que sus emociones se salgan de control, esto podría descontrolarse rápidamente.

Un líder a veces necesita tomar decisiones difíciles, y tener un alto nivel de Inteligencia Emocional significa que necesitas creer en ti mismo y tener confianza en tus decisiones - o las emociones te van a abrumar y arrastrar.

Ya sea que actualmente estés en un rol de liderazgo o aspirando a estar en uno, la Inteligencia Emocional es la escalera que necesitas subir para llegar a la cima.

El liderazgo es algo que conlleva una gran responsabilidad, todos los ojos están constantemente en ti.

El liderazgo efectivo se trata de sacar las mejores cualidades de todas las personas con las que trabajas, para conseguir un equipo de personas que trabajen juntas como una máquina bien engrasada.

Un líder efectivo genera éxito, y la inteligencia emocional es la herramienta que necesitas para hacerlo realidad.

Hay muchos libros sobre este tema en el mercado, ¡gracias de nuevo por elegir este!

Se ha hecho todo lo posible para asegurar que esté cargado de tanta información útil como sea posible. ¡Por favor, disfrútalo!

Capítulo 1: No Es Tu Inteligencia Promedio

La inteligencia emocional se ha convertido en una palabra de moda, que ha aumentado en popularidad en la última década. Curiosamente, sin embargo, la inteligencia emocional es un concepto que ha existido en los últimos 25 años más o menos, y no es el único término que sigue siendo.

Algunas personas podrían llamarlo Cociente Emocional (EQ) - a veces, incluso usando un término amplio y general como "habilidades blandas" cuando hablan de este tipo de inteligencia. Puedes llamarlo como quieras, hay una cosa que se ha vuelto muy clara últimamente. La inteligencia emocional ahora juega un papel fundamental en nuestras vidas.

El coeficiente intelectual existe a nuestro alrededor cuando empiezas a prestar atención. Cuando una persona se detiene y mantiene su compostura tranquila en una situación altamente emocional, está exhibiendo los rasgos de alguien con inteligencia emocional.

Esos momentos en los que *podrías* haber tratado de controlarte y no atacar con ira incluso cuando quisiste, es un signo de inteligencia emocional en acción.

La Inteligencia Emocional se ha infiltrado en casi todos los aspectos que se nos ocurren, apuntalando las relaciones interpersonales que tenemos, las conexiones profesionales, e incluso la forma en que alimentamos nuestra motivación.

La Inteligencia Emocional no es un elemento tangible que podamos ver, pero su profundo impacto se puede sentir ciertamente.

La inteligencia emocional, como la define el diccionario de psicología APA, es

"Una inteligencia que involucra la habilidad de una persona para procesar la información emocional que recibe y usarla en el razonamiento y otras actividades cognitivas"

(Dictionary.Apa.org, 2018)

Se ha hecho evidente que la Inteligencia Emocional es más relevante que nunca cuando se trata de las relaciones profesionales y personales que hemos construido hoy en día. Más importante aún, la Inteligencia Emocional es importante en *la relación que tienes contigo mismo*.

Fue un término que fue acuñado en 1997 por dos psicólogos americanos. Sus nombres eran John Mayer y Peter Salovey, e identificaban la inteligencia emocional en una persona basándose en cuatro habilidades:

- *La capacidad de identificar las emociones*
- *La capacidad de usar estas emociones*
- *La capacidad de entender las emociones*
- *La capacidad de regular las emociones*

Desde los tiempos de Mayer y Salovey, se han llevado a cabo más investigaciones sobre el tema de la Inteligencia Emocional, y el conocimiento que tenemos hoy en día se basa en una expansión de esa investigación.

En términos generales, esto es lo que podemos resumir basándonos en lo que sabemos sobre la Inteligencia Emocional hoy en día:

- Nos ayuda con nuestra habilidad para manejar las emociones que sentimos. A través del EQ, podemos ignorar, descartar, o incluso elegir regular nuestras emociones, incluyendo las que no son productivas y que no van a servir para ningún beneficio.

- Nos permite empatizar con los demás, observar cómo se siente otra persona y tratar de entender de dónde vienen. La capacidad de empatizar juega un papel importante en el fortalecimiento de las relaciones que tenemos y en la configuración de la forma en que nos conectamos con otras personas.

- Actualmente se cree que la Inteligencia Emocional es una de las muchas habilidades que contribuyen de manera significativa al éxito general que logra una persona. La capacidad de manejarse y motivarse, gracias a la inteligencia emocional, es la forma en que aquellos que han logrado alcanzar el éxito se mantuvieron en el camino a pesar de las dificultades que enfrentaron a lo largo del mismo.

Los desafíos tienen una forma de sacar a relucir nuestras reacciones emocionales más intensas, y sin la capacidad de regular adecuadamente estas emociones, no pasará mucho tiempo antes de que empecemos a descontrolarnos y a sentirnos abrumados.

¿Qué es el Cociente Emocional (EQ)/Cociente de Inteligencia Emocional (EIQ)? ¿Es diferente de la IE?

Hay algo impresionante en aquellos con altos niveles de inteligencia. El cociente de inteligencia, comúnmente conocido como IQ, es ciertamente uno de los principales ingredientes para alcanzar el éxito, y no hay escasez de individuos que han demostrado lo que un alto IQ puede hacer.

Steven Hawking, Steve Jobs, Albert Einstein, Neil De Grasse Tyson, Mark Zuckerberg, Marie Curie, y la lista continúa. Pero el coeficiente intelectual no fue el único factor que impulsó a muchos de estos notables nombres a donde están hoy. La otra forma menos celebrada de inteligencia es el cociente emocional (EQ).

El Cociente Emocional (EQ) o el Cociente de Inteligencia Emocional (EIQ) solo comenzó a hacer olas de nuevo recientemente en la última década más o menos.

La IE representa la capacidad de una persona para comprender y regular las emociones, mientras que el EQ o Coeficiente de Inteligencia Emocional refleja la capacidad de comprender a los demás, lo que los impulsa, los motiva y cómo se pueden comprender estos factores para trabajar mejor con ellos. Esencialmente, los conceptos de IE, EQ y EIQ se reducen a lo mismo.

No mucha gente se da cuenta de que gran parte del éxito de un individuo u organización tiene mucho que ver con el EQ, ya que es aquí donde la habilidad de leer a los demás va a ser más útil.

Las emociones tienen el poder de cambiar exactamente, tanto dentro de ti mismo como de los demás.
Ya sea que este cambio resulte positivo o no, se reduce a la forma en que te manejas a ti mismo, tus emociones y la forma en que te relacionas con los demás en una situación de alta presión o desafío.

¿Son las habilidades de la IE una habilidad valiosa para poseer?

Las habilidades sociales e interpersonales, junto con la inteligencia emocional, se consideran intangibles. Dado que impactan significativamente en casi todos los aspectos, sí, estas habilidades blandas son absolutamente importantes.

La Inteligencia Emocional no es tu inteligencia promedio porque se enfoca en tu habilidad para identificar y manejar no

solo tus propias emociones, sino también las emociones de los demás a tu alrededor.
Esto es enormemente diferente del tipo de inteligencia académica en la que nos hemos acostumbrado a pensar cuando mencionamos la palabra “inteligencia”.

La IE no es una asignatura que te vayan a enseñar en los libros que memorizas en la escuela. Es una habilidad que necesitas desarrollar y nutrir a través de la práctica y la experiencia.

Comprender la teoría de la inteligencia emocional

El enfoque de Salovey y Mayer sobre la IE fue utilizar el método del Modelo de las Cuatro Ramas, el cual creían que era un método muy útil para ayudar a visualizar las cuatro importantes habilidades necesarias en la IE. Este modelo se basa en la premisa de que la IE está dividida en cuatro categorías distintivas.

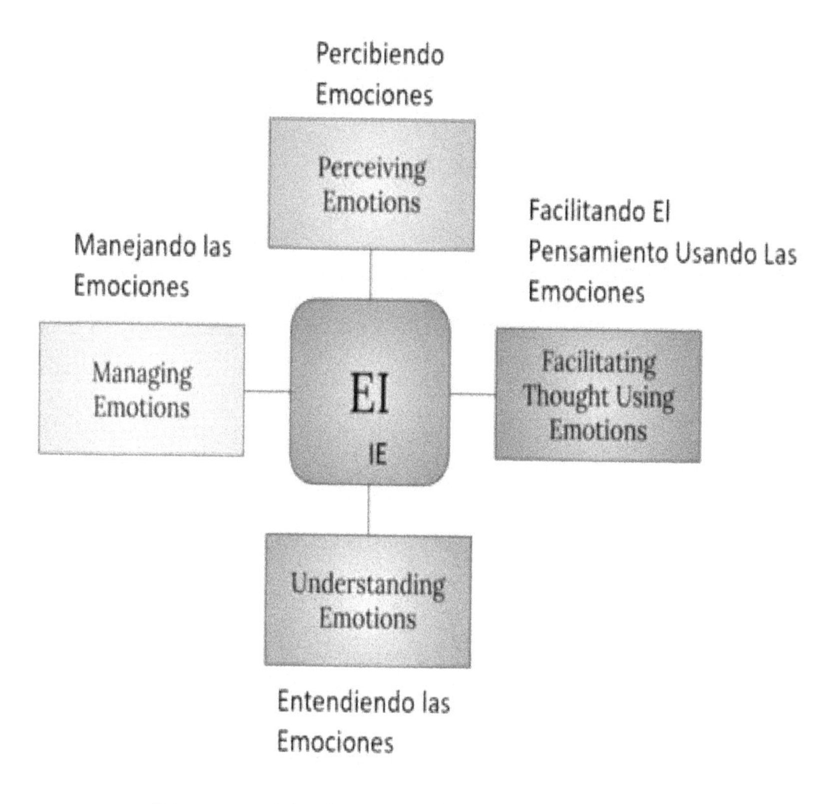

Fuente: Fiori & Vesely Maillefer, 2018

La primera categoría, que hablaba de la percepción de las emociones, se centraba en ser capaz de reconocer e identificar con precisión las emociones no solo dentro de uno mismo, pero también en los demás.

Esto puede hacerse aprendiendo a decodificar, comprender y detectar las señales emocionales que todos emitimos, nos demos cuenta o no.

El lenguaje corporal es un poderoso indicador y un claro indicio de cómo se puede sentir una persona, a pesar de lo que diga verbalmente. Cuando alguien te dice que está bien, por ejemplo, pero su expresión facial está contando una historia diferente, es un indicador muy obvio de que no está bien.

Una vez que has identificado y percibido estas emociones, es cuando entra en juego la segunda fase, que es *facilitar tus pensamientos a través de las emociones*. La categoría se centra en el procesamiento de la información que has recibido, y luego depende de tus funciones cognitivas para ayudarte a racionalizar, decidir, resolver problemas e incluso considerar la perspectiva de los demás.

Por otra parte, aprender a *comprender las emociones*, que es la tercera categoría del modelo de Salovey y Mayer, pone de relieve la importancia de comprender la forma en que las diferentes emociones se relacionan entre sí.

Las emociones pueden cambiar en función de las situaciones a las que te enfrentes, las personas con las que te encuentres y la forma en que tus propios sentimientos puedan cambiar con el tiempo. Para gestionar eficazmente tus emociones y las de los demás, tienes que decodificar con precisión las señales del lenguaje corporal que ves, *comprender* lo que significan y decidir un curso de acción a partir de ahí.

La *gestión de las emociones* es la habilidad de la Inteligencia Emocional que se relaciona con la gestión eficaz de las emociones propias y ajenas.

Por lo general, la gestión y la comprensión emocional se consideran aptitudes de nivel superior, ya que se basan en las dos primeras (*Percepción de las emociones y Facilitación del pensamiento*) para funcionar eficazmente.

Mientras se piensa en el lugar de trabajo, es fácil ver cómo el manejo de las emociones propias (y las de los demás) puede facilitar la vida cuando se enfrenta a un plazo estresante.

El Modelo de Inteligencia Emocional de Goleman

Salovey y Mayer pueden haber inventado el término, pero sus nombres no son tan populares como el de Daniel Goleman, autor del bestseller *Inteligencia Emocional*.

El trabajo de Goleman sobre la IE está estrechamente relacionado con la capacidad de gestión y liderazgo, y su modelo de la IE de 1995 se basa en una extensión del de Salovey y Mayer.

En su modelo, Goleman afirma que la IE comprende cinco componentes principales, o lo que él llama "pilares de la inteligencia emocional" (Salovey y Mayer solo tenían cuatro componentes).

En su modelo, Goleman destacó que la IE debía tener los siguientes cinco elementos:

- *Conciencia de sí mismo:* Que era la capacidad de una persona de ser consciente de sus propias emociones y ser muy consciente de cómo estas emociones le afectan. Este aspecto es como la capacidad de *Percibir Emociones* de Salovey y Mayer.

- *Auto-regulación:* Lo que Goleman clasificó como autorregulación fue lo que pudo manejar sus emociones y predecir los efectos que tendrían.

- *Motivación:* Gran parte de la inteligencia emocional y por qué es responsable del éxito es porque mantiene tu motivación. Sin motivación, sería muy fácil ceder a tu deseo de renunciar o huir cuando las cosas se ponen difíciles.

- *Empatía:* En todo lo que hagas, la gente se involucrará en tu vida. El trabajo, la familia, los entornos sociales, todo implica entrar en contacto con otras personas, por lo que es crucial que hagas un esfuerzo extra para entender a la gente que te rodea para construir conexiones significativas.

- *Habilidades sociales* - Las habilidades de la gente son la razón por la que una persona puede tener éxito. A través de las habilidades sociales, aprendes a convertirte en un mejor líder, alguien que marca la diferencia en la vida de los demás, alguien que puede manejar los conflictos y resolverlos eficazmente. Aprenderás a manejar eficazmente tus relaciones interpersonales para que puedas obtener la respuesta que necesitas de las personas que te rodean.

EI

- Self-Awareness
- Self-Regulation
- Motivation
- Social Skills
- Empathy

IE

- Autoconciencia
- Autorregulación
- Motivación
- Habilidades Sociales
- Empatía

Modelo de Inteligencia Emocional de Goleman

Cómo la inteligencia emocional se traduce a la vida cotidiana

La IE está a nuestro alrededor, tanto en nuestra vida personal como profesional. La IE nos ayuda:

- **A Escuchar a la gente -** Esta es una habilidad particularmente útil para tener en el lugar de trabajo. La gente tiene grandes ideas, y si te tomas el tiempo de escuchar y les dejas que expresen su punto de vista, estás demostrando respeto por sus opiniones, lo que a su vez hace que se sientan cómodos abriéndose a ti, lo que luego te permite regular eficazmente sus emociones, facilitando que obtengas la respuesta que necesitas a tu favor. Esta demostración de inteligencia emocional eventualmente lleva a un mejor trabajo en equipo y a un aumento de la productividad en general, mientras que te permite demostrar las habilidades de un líder.

- **A Facilitar los pensamientos -** Y no necesariamente tus propios pensamientos tampoco. El aspecto de empatía y habilidades sociales de la inteligencia emocional significa estar equipado con la capacidad de atender las emociones de los demás también.

Al adoptar estos métodos a su estilo y enfoque de comunicación, resultará más fácil manejar la forma en que las personas responden y se comunican contigo a cambio.

Un cliente enfadado, por ejemplo, podría ser apaciguado cuando decidas saludarle con una sonrisa y responder de manera empática a sus quejas conversando con él y siendo lo más comprensivo posible, podrás gestionar con éxito tus emociones y las suyas sin que nadie haga o diga algo de lo que pueda arrepentirse.

- **A Comprender las perspectivas -** Cuanto mejor entiendas las emociones de las personas que te rodean, más podrás descifrar la forma en que se sienten y cómo debes responder.
  Los conflictos, los sentimientos heridos y los malentendidos se reducen al mínimo cuando desarrollas la capacidad de ver las cosas desde el punto de vista de otra persona.

  Cuando un amigo ha pasado una semana particularmente dura en el trabajo, y resulta que está de mal humor o es brusco cuando tratas de entablar una conversación con él, la Inteligencia Emocional es la habilidad que te va a dar la capacidad que necesitas para poner las cosas en perspectiva.

En lugar de sentirte herido, posiblemente incluso enfadado con tu amigo por lo que hizo, serás capaz de reflexionar sobre *por qué* reaccionó de esa manera y entender de dónde viene.
La empatía es una habilidad importante pero subestimada, y puede marcar la diferencia en la forma en que te comunicas una vez que sabes cómo usarla.

Cuando hay gente, inevitablemente hay conflictos.

Incluso cuando se llevan bien, habrá momentos en que las opiniones choquen y las emociones se froten en el sentido equivocado. Esto plantea la necesidad de habilidades de Inteligencia Emocional, la misma herramienta que necesitamos para ayudarnos a enfrentar y manejar los conflictos para que las cosas no se salgan de control más de lo que ya lo han hecho.

Las habilidades de Inteligencia Emocional son el arma secreta necesaria para la resolución de conflictos de una manera que beneficie a todas las partes involucradas.

Explicación del Liderazgo Emocional (EL)

Cuando un líder usa las habilidades de Inteligencia Emocional para influenciar y persuadir a otros bajo su liderazgo para que busquen y trabajen juntos hacia un objetivo común, eso es Liderazgo Emocional (EL) en el trabajo.

Goleman habla de la importancia de esta cualidad y de por qué es importante en el liderazgo dentro de un ambiente de negocios. Los líderes efectivos, según Goleman, tienen una cualidad crucial que los une a todos. *Ellos tenían inteligencia emocional.*

Eso no quiere decir que el conocimiento técnico y el coeficiente intelectual no importen, porque todavía lo hacen. Esas cualidades siguen siendo el criterio de entrada que debes cumplir para conseguir un trabajo.

Sin embargo, para convertirse en un líder, se necesitan habilidades de Inteligencia Emocional. Son - como dijo Goleman - la *"condición sine qua non del liderazgo"*. El mejor entrenamiento del mundo no te ayudará a convertirte en un gran líder si no tienes las habilidades de EQ para respaldarlo.

Ser un líder significa que vas a tener que influenciar a la gente que te rodea hasta cierto punto, y eso requiere un toque "emocional". Este es un paso crucial en el proceso porque, sin él, no serías capaz de inspirar suficiente confianza en los demás para que te sigan.

La forma en que un líder actúa tiene una profunda influencia en el grupo que lidera y viceversa. Un líder carismático puede inspirar grandes cambios y tener un efecto positivo en la gente.

Cuando todo el mundo está de buen humor, es cuando la motivación para poner su mejor esfuerzo y trabajar juntos hacia el logro de un objetivo está en su punto más alto.
Sin embargo, para que el liderazgo sea efectivo, la inteligencia emocional debe estar presente.

Los líderes con un alto nivel de inteligencia emocional son la fuerza motriz del éxito colectivo de un grupo. Fue un esfuerzo de grupo, pero el que inspiró el logro tras bambalinas fue el líder del EQ.

Un líder que depende de un alto EQ necesita ser el sistema de apoyo que el grupo necesita, para que ellos, a su vez, puedan mantener la mentalidad positiva que necesitan para hacer el trabajo. En una organización, los niveles de productividad son más altos cuando un líder con alta Inteligencia Emocional está presente.

Desarrollar las habilidades de IE/EQ que necesitas

Por suerte, el ecualizador puede ser fácilmente trabajado y desarrollado con práctica y tiempo.

Los siguientes ejercicios te ayudarán a trabajar en el fortalecimiento de las habilidades que necesitas para mejorar tu inteligencia emocional:

- **Estar atento -** La atención es la clave para mejorar la conciencia de uno mismo y para ponerse en contacto con tus sentimientos.

  Desafortunadamente, debido a que las emociones a veces pueden ser algo doloroso de tratar, muchos de nosotros elegimos hacer lo contrario. En lugar de aprender a centrarnos en nuestras emociones cuando surgen, elegimos hacer lo más fácil y conveniente. O lo dejamos de lado, las ignoramos o las negamos completamente.

  Empieza a fortalecer tus habilidades de autoconciencia pasando unos momentos tranquilos en pensamiento profundo al final de cada día. Reflexiona sobre todo lo que te ha pasado y cómo te hizo sentir. Lleva este ejercicio un paso más allá cuando estés listo, identificando los desencadenantes que te hacen reaccionar emocionalmente y lo que crees que podrías hacer mejor en el futuro para regular tus acciones.

> **"La concienciación es una forma de hacernos amigos de nosotros mismos y de nuestra experiencia".**
>
> – Jon Kabat-Zinn

- **Cambia tu perspectiva -** La forma en que percibimos un problema o un conflicto puede afectar nuestra respuesta emocional a una situación o persona.

  Un pesimista es menos probable que empatice o intente resolver un conflicto mutuamente debido a su perspectiva.

Un optimista, por otro lado, vería ese mismo conflicto a través de lentes completamente diferentes, viéndolo como una oportunidad de aprendizaje y una posibilidad de construir potencialmente una nueva conexión.

Cambiar tu perspectiva también es útil cuando se trata de la crítica, que es como mucha gente emocionalmente inteligente puede aceptar la crítica donde otros no pueden, incluso si es una construcción. Eso es porque han reformulado su perspectiva sobre la crítica.
En lugar de verlas como comentarios hirientes, las ven como sugerencias para mejorar.

"La única cosa sobre la que a veces tienes control es la perspectiva. No tienes control sobre tu situación. Pero tienes una opción sobre cómo la ves".

– Chris Pine

- **Conociendo tus detonantes** - Construye sobre la conciencia de ti mismo haciendo observaciones cuidadosas sobre tus emociones, y luego preguntándote a ti mismo *qué te causó la exaltación*.

  ¿Qué te causó el estrés?

  ¿Qué es lo responsable de crear este sentimiento de felicidad que sientes ahora?

  Cuando te observas a ti mismo pasando por una emoción, haz una lista de las cosas que la desencadenaron. Examina esa lista un par de veces a la semana. ¿Notas algún patrón?

  ¿Hay algún tema recurrente en tus desencadenantes? Aprender a identificar los desencadenantes que inducen reacciones emocionales extremas es crucial para aprender a manejar tus emociones.

  Después de todo, no puedes manejar algo que no entiendes.

> "Todo el mundo es una mezcla de mentalidad fija y de crecimiento. Podrías tener una mentalidad de crecimiento predominante en un área, pero todavía puede haber cosas que te disparen a un rasgo de mentalidad fija".
>
> – Carol S. Dweck

- **Celebrar tus emociones -** Sentir no siempre es algo malo.

  Estar tranquilo y sereno es una buena habilidad, pero hay momentos en la vida en los que está bien celebrar y soltarse un poco.

  Celebrar las emociones que te hacen sentir bien contigo mismo porque es una forma de motivación. Cuando te sientas experimentando una emoción positiva como la felicidad, la alegría o la excitación, por ejemplo, tómate tiempo para deleitarte con esos sentimientos.

Disfruta del momento y deja que esos sentimientos te inunden. Tomarse el tiempo para celebrar los pequeños momentos te pondrá en una posición mucho mejor para ser resistente cuando se produzcan momentos difíciles.

> "Cuanto más alabas y celebras tu vida, más hay en la vida para celebrar"
>
> – Oprah Winfrey

- **No lo pienses demasiado -** Una razón por la que nos volvemos más emocionales de lo que deberíamos es que tendemos a pensar y analizar demasiado.

  Un simple asunto que podría resolverse fácilmente se desproporciona porque alguien reaccionó de una manera muy emocional.

  Para empezar a ejercitar una mejor inteligencia emocional de tu parte, lo que podrías hacer es dejar de pensar demasiado en las situaciones y ver las cosas como son.

Mira los hechos que tienes delante de ti. Si algo no es un hecho tangible, entonces no lo pienses demasiado. No adornes, no asumas, no añadas hechos propios.

"Pensar demasiado - el arte de crear problemas que ni siquiera estaban ahí".

- **Retrocede y observa** - A veces, necesitas detenerte por un minuto y darte el tiempo necesario para reflexionar y observar.

  Para poner las cosas en perspectiva y ver el asunto a través de una luz completamente diferente.

Al tomar decisiones importantes, tus emociones pueden estar en aumento, y precipitarse en cualquier tipo de decisión apresurada puede resultar contraproducente si no te das el tiempo necesario para pensar las cosas.

Puede que haya momentos en los que la mejor decisión que puedas tomar sea no hacer nada, especialmente si eso te va a salvar de un desastre emocional más adelante. Cuando las emociones están altas, siempre da un paso atrás por un minuto y tómate el tiempo para poner las cosas en perspectiva.

> **"A veces es necesario dar un paso atrás y ver el panorama general".**

- **Controlando tus pensamientos -** La forma en que formas tus pensamientos impacta directamente en las emociones que sientes.

Si ya te sentías enfadado, por ejemplo, permitir que tu mente se libere con pensamientos que solo alimentan tu ira solo va a empeorar las cosas.

Requiere mucho autocontrol, pero una forma de regular tus emociones es ejercer cierto control sobre tus pensamientos. Controlar lo que te permites pensar te facilitará disociarte y alejarte de la fuerza dominante de las emociones negativas y desagradables.

Cuando te puedes quitar de la ecuación, se convierte en un ejercicio mucho más fácil para tomar decisiones sensatas, racionales y más objetivas.

> "La mala noticia es que no puedes controlar nada más que tus pensamientos. La buena noticia es que con tus pensamientos puedes controlar todo lo demás".
>
> – Debasish Mridha

- **Acepta las críticas -** Solo es algo malo si lo permites.

  Las críticas se reducen a cómo las percibes, y depende de ti verlas como ataques personales, o sugerencias constructivas para mejorar.

  Los que tienen un alto nivel de inteligencia, por supuesto, eligen lo último.

  La crítica puede ser en realidad una herramienta de mejora útil, aunque algunos comentarios pueden picar más que otros.

A veces, si recibes una buena crítica, pueden incluso ir más allá y ser útiles recomendando lo que creen que puedes mejorar.
Aceptar la crítica es la forma de estar abierto a escuchar las preocupaciones de los demás.

> **"Acepta tanto los cumplidos como las críticas. Se necesita tanto sol como lluvia para que una flor crezca".**

Puntos clave a tener en cuenta

Como podemos ver, el desarrollo del EQ va a ponerte en el camino correcto hacia el éxito. De hecho, si ya estás persiguiendo activamente el éxito, pero no estás seguro de dónde te falta, puede ser esto.

El EQ, es el ingrediente que falta en la receta para el éxito personal. Para resumir, esto es lo que sabemos sobre la inteligencia emocional hasta ahora:

- El EQ más recientemente se enfoca en cinco aspectos principales: *Autoconciencia, autorregulación, empatía, habilidades sociales y motivación.*

- El EQ es una habilidad que puede ser aprendida, lo que significa que cualquiera puede trabajar en su desarrollo.

- El EQ se reduce a la habilidad de entender con precisión tus emociones y las emociones de los demás. Es lo que haces con esa información emocional lo que te ayudará a decidir cuál es el mejor enfoque.

- Un líder necesita tener Inteligencia Emocional y liderazgo emocional para ser efectivo.

Capítulo 2: Comprensión De Nuestros Seres Emocionales

Todos tenemos la capacidad dentro de nosotros de entender y procesar nuestras emociones.
Lo único es que parece que no la usamos tan a menudo como deberíamos.

Si tenemos la capacidad de procesar, entender y descifrar ideas, ciertamente podemos hacer lo mismo con nuestras emociones, una vez que sabemos la manera correcta de hacerlo.

A lo largo de los años, se han utilizado varias definiciones en un intento de definir la IE y lo que representa. Los investigadores y científicos, por ejemplo, prefieren un modelo más científico para explicar en qué consiste la inteligencia emocional.

En términos científicos, la IE implica usar nuestras emociones para sentir y comprender. Sin embargo, a diferencia de los científicos, los profesionales prefieren un modelo más práctico para definir el concepto de IE y, basándose en la definición práctica, la IE trata de cómo obtener los mejores resultados de la relación que se tiene con los demás, así como con uno mismo.

El modelo de Inteligencia Emocional: Conócete a ti mismo - Escógete a ti mismo - Entrégate

La red de ecualización en línea de 6 seconds muestra que cuando la ecualización está en acción, ocurren tres cosas:

- Estás más alerta y consciente de lo que estás haciendo.
- Te vuelves más intencional acerca de tus acciones.
- Tus acciones se vuelven intencionales, con una razón detrás de cada decisión que tomas.

Estos tres elementos son los que conforman el modelo de Inteligencia Emocional conocido como *Conócete a Ti Mismo - Escógete a Ti Mismo - Entrégate.*

Cuando te **conoces a ti mismo**, eres consciente de todo lo que está pasando. Tu sentido de autoconciencia se incrementa, y comienzas a sintonizar con los diferentes sentimientos que experimentas, posiblemente incluso reconociendo patrones emergentes. Empiezas a ganar perspicacia en lo que te hace *ser quien eres*, que es la primera señal de que te diriges hacia el crecimiento de tu Inteligencia Emocional.

Cuando te **escoges a ti mismo**, te vuelves intencional en todo lo que *eliges* hacer. Ahora eres consciente de la dirección que están tomando tus sentimientos y pensamientos. Cada acción que *eliges* tomar se hace de manera consciente, minimizando efectivamente las reacciones impulsivas que son impulsadas puramente por la emoción y nada más.

Cuando pones a la IE en acción, **te das** un sentido de propósito. Ahora estás conscientemente alineando las elecciones que haces con tu propósito, y cuando lo haces, se libera todo tu potencial.

6 Seconds describe estas tres fases en un diagrama circular, llamándolo "El Propulsor del EQ". Cuanto más gire la hélice, más impulso ganará y mejor será para tomar las decisiones más

óptimas y beneficiosas en cada situación, independientemente de las emociones que puedas estar experimentando en ese momento.

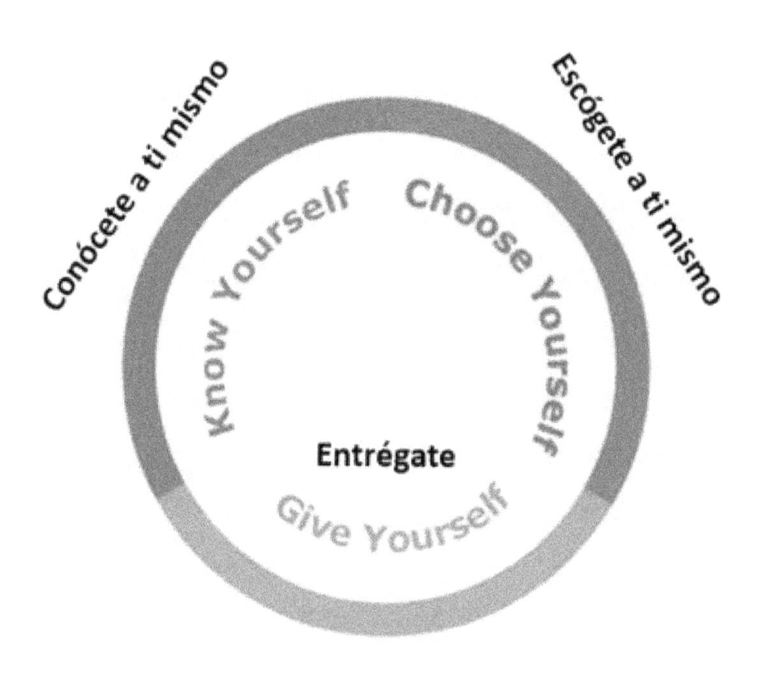

Fuente: Modelo de Inteligencia Emocional de Six Seconds en Acción

Esencialmente, el modelo *"Conócete a ti mismo - Escógete a ti mismo - Entrégate"*, es tu "qué", "cómo" y "por qué". Conócete a ti mismo te permite comprender qué cambios deben tener lugar, mientras que Escógete a ti mismo te proporciona el aspecto del "cómo" para que luego puedas planear los pasos de acción necesarios para iniciar este cambio. *Entregarse* entonces es tu "por qué", lo que te recuerda *por qué* decidiste hacer este cambio en primer lugar.

Entendiendo las principales emociones humanas

Un concepto intrigante en el Zen - *que es el concepto japonés de budismo Mahayana donde el énfasis se pone en el valor meditativo e intuitivo en lugar de estudiar o adorar las escrituras* - que habla de las "dos mentes" que existen dentro de todos nosotros.

Esto se conoce como la *mente pensante* y *la mente observadora*, que se ha convertido en un enfoque común en el budismo e incluso en los métodos terapéuticos occidentales contemporáneos como la ACT (Terapia de Aceptación-Compromiso).

El concepto de las dos mentes del Zen está comenzando a ganar fuerza rápidamente a medida que más gente comienza a darse cuenta de la importancia de este concepto para ayudarnos a lidiar con nuestro bagaje emocional diario.

Aquí hay un ejemplo de cómo es el concepto de las dos mentes:

Cuando sales por la mañana y miras a tu alrededor, no puedes evitar pensar: "Este va a ser un día hermoso". El sol brilla, el clima es perfecto, y literalmente el día es hermoso.

La mayoría de nosotros pensaría *"Es un hermoso día"* para nosotros mismos de una manera casi automática, *pero ¿por qué* lo hacemos cuando no hay nadie a nuestro alrededor que nos escuche? Ya que te estás repitiendo esto a ti mismo en tu mente, eres el único que está escuchando esta afirmación. *¿Por qué* tu mente repite automáticamente algo tan obvio?

Eso es porque este pensamiento automático tiende a ocurrir en la *Mente Pensante*, que también resulta ser la parte que no podemos controlar totalmente.

La *Mente Observadora* se da cuenta de lo que le rodea, y la *Mente Pensante* convierte esas observaciones en pensamiento. Aquí hay otro pequeño ejercicio rápido para demostrar:

Durante los próximos 15 segundos más o menos, NO pienses en el café.

¿Qué tan bien te fue en este ejercicio? Si eres como la mayoría de la gente, entonces probablemente has pasado los últimos 15 minutos pensando en el café, más aún cuando te esforzabas *por no pensar en ello.*

Nuestras *"mentes pensantes"* están constantemente en movimiento -siempre parloteando- cuando nos paramos pacientemente (o con impaciencia) en la cola, en el camino al trabajo, cuando estás en el trabajo y tratas de concentrarte en una tarea que tienes a mano, cuando estás en el supermercado, incluso cuando estás acostado en tu cama por la noche tratando de dormirte.

El comentario interno que tienes en tu mente casi todo el día está siempre en el trabajo, siempre en movimiento.

Esto es lo que hace que la *mente pensante* y la *mente observadora* sean importantes.

La mayoría de las experiencias emocionales negativas y a veces incluso las psicológicas por las que pasamos ocurren *porque* no sabemos cómo diferenciar entre estas dos mentes.

A todo el mundo le gustaría deshacerse de sus emociones infelices. Nadie quiere experimentar ira, nerviosismo, celos, frustración, o cualquiera de las otras emociones que generalmente nos hacen infelices.
Sin embargo, estos pensamientos ocurren de todos modos porque no podemos controlar nuestra *mente pensante*, que es de donde provienen nuestras emociones.

Los pensamientos que tenemos, las emociones que sentimos, siempre van a estar ahí por el resto de nuestras vidas.

Sin embargo, hay algo que puedes hacer para *cambiar* la forma en que te relacionas con ellos. Para que ese cambio ocurra, necesitas hacer dos cosas:

- Darse cuenta y reconocer que las emociones y pensamientos que estás experimentando actualmente están sucediendo a través de la *Mente Observadora.*

- Evita usar tu *Mente Pensante* para identificarte con esos pensamientos y emociones.

En lugar de decir *"estoy molesto"*, di *"me siento molesto"*. En vez de decir *"estoy triste"*, di *"siento tristeza"*.

El cambio puede ser sutil, pero no te equivoques, hay una gran diferencia, una *gran* diferencia en la forma en que vas a tratar con tus emociones y pensamientos de ahora en adelante.

Al crear esta separación, te ayuda a relacionarte con tus emociones de manera diferente. En lugar de ver esas emociones como parte de lo que eres, empiezas a darte cuenta de que las emociones son fugaces, y *no* tienes que quedarte atrapado en ellas si no quieres.

Como nubes que pasan a través del cielo azul claro, esas emociones irán y vendrán.

Ser consciente de tu respuesta emocional por sí solo tampoco es suficiente. Necesitas inyectar algo de razonamiento en la situación también.

La clave para manejar las emociones es *entender* por qué te sientes de la manera en que lo haces. Incluso cuando decidas un método de regulación de tus emociones, pregúntate a ti mismo:

- ¿Cómo me hace sentir esta situación? ¿Qué emociones crea?
- ¿Qué debo hacer con una emoción en particular que estoy sintiendo?
- Si elijo este curso de acción, ¿qué impacto va a tener en mí? ¿Cómo va a afectar a otras personas a mi alrededor también?
- Si elijo hacer esto (acción), ¿se alinea con mis valores? Si no lo hace, ¿qué puedo hacer al respecto?
- ¿Hay alguien en quien confíe lo suficiente como para ayudarme a superar estas situaciones difíciles?

Tomarse el tiempo para ir más despacio y razonar con uno mismo *antes* de reaccionar ante cualquier situación es lo que la gente emocionalmente inteligente hace todo el tiempo.

Esto les impide reaccionar impulsivamente porque todos sabemos cómo esas decisiones "en el calor del momento" pueden tener consecuencias perjudiciales.

Cómo se crean las emociones

Las emociones no solo suceden. Están "hechas", y las emociones que experimentamos son únicas para nosotros.

La forma en que defines la "tristeza" no es como la definiría otra persona. Las emociones que sentimos vienen del cerebro. Ahí es donde se crean, por así decirlo.

Basado en la investigación de la neurociencia que se ha hecho en las últimas décadas, resulta que hay varias redes dentro de nuestro cerebro que ayudan a crear emociones como la sorpresa, la felicidad, la ira, el miedo y más.

La *Teoría de la Emoción Construida*, propuesta por la Dra. Lisa Feldman Barrett, se basa en la creencia de que las emociones son "conceptos" que han sido simplemente construidos por el cerebro humano.

Nuestros cerebros reciben datos en cada momento de vigilia. Los ojos, la nariz, la piel, la boca y los oídos... todos nuestros sentidos están transmitiendo continuamente datos al cerebro cuando estamos despiertos.
El cerebro, mientras tanto, está tomando toda esta información, trabajando constantemente para dar sentido a todo lo que está

recibiendo. Toda esa información, sin embargo, sigue siendo ambigua y para ser entendida, debe ser interpretada.

La forma más fácil para el cerebro de hacer esto es confiar en sus experiencias pasadas como punto de referencia. Al hacer coincidir su experiencia actual con un recuerdo del pasado, la cabina del cerebro se ahorra tiempo y energía, pero trabajar con miles de recuerdos pasados va a llevar demasiado tiempo.

Así que en vez de eso, lo que el cerebro hace es usar "conceptos". Este es tu cerebro tratando de etiquetar y categorizar lo que está sucediendo para que pueda darle sentido al mundo.

Los conceptos, en este contexto, son similares a cientos de recuerdos y experiencias previas que están siendo comprimidos. En lugar de tratar de recordar *todo* lo que has vivido en un autobús, por ejemplo, tu cerebro almacena conceptos sobre un autobús, y la próxima vez que te encuentres con un autobús, trata de emparejar esa experiencia con un concepto para poder entender lo que está sucediendo.

Tratar de percibir lo que estás viendo y sintiendo, y luego compararlo con un concepto existente es la forma en que el cerebro hace más fácil procesar la información sin tratar de hacerlo desde cero.

La teoría del Dr. Barrett aplica la idea de las emociones construidas de la misma manera, donde estas emociones son como cualquier otro concepto.

Una rápida visión general de nuestras zonas emocionales

A medida que aprendes a dominar tus emociones, vuelve a esta simple regla.

La elección es siempre tuya. Tienes que decidir cómo te vas a sentir. Tienes que decidir cómo vas a reaccionar a ciertas situaciones, y tienes que elegir cómo vas a responder a la gente.

Aristóteles dijo una vez esto: *Enojarse es fácil, cualquiera puede hacerlo. Sin embargo, estar enojado con la persona CORRECTA, en el grado CORRECTO, en el momento CORRECTO y por las razones CORRECTAS, de la manera CORRECTA, no es fácil y no está al alcance de todos hacerlo.* Aquí hay una rápida mirada a las cuatro zonas en las que operan nuestras emociones:

Matriz de energía emocional

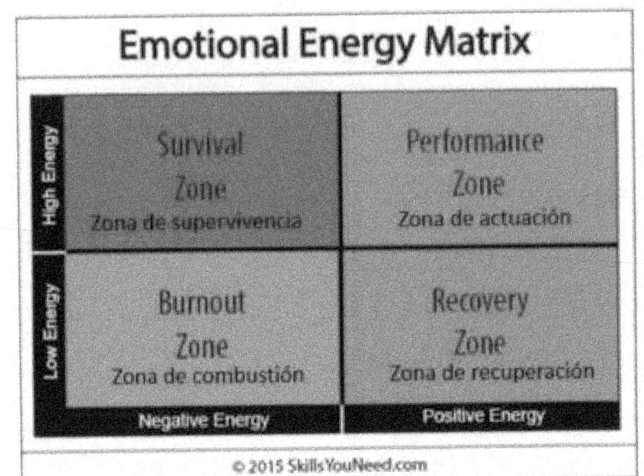

Fuente: ***SkillsYouNeed.com***

En la zona de **alta energía positiva**, es donde tu rendimiento es mejor.

A pesar de eso, no puedes quedarte en esta zona para siempre, porque tarde o temprano tendrás que bajar tus niveles de energía un poco.

Si continúas permaneciendo en la zona de energía positiva, te recuperarás mucho más rápido.
Si empiezas a declinar hacia la zona de energía negativa, te sentirás cansado o agotado.

La zona incómoda es cuando te encuentras en el sector de **alta energía negativa.**

Cuando estás en esta zona, se siente como una lucha por sobrevivir, y de nuevo, no podrás permanecer en esta zona por mucho tiempo, o te vas a quemar rápidamente.

Tus niveles de energía tienen que bajar eventualmente.

Cómo lidiar con las emociones

La mayoría de la gente solo conoce una forma de lidiar con sus problemas emocionales. O lo ignoran, lo suprimen, se resisten, o tratan de negarlo por completo. Para ellos, esa es una alternativa mucho más fácil que tratar de entender y dar sentido a sus emociones.

Nuestro instinto es huir o tratar de evitar cualquier cosa que sea desagradable, cualquier cosa que no nos haga felices. Las emociones negativas no son algo agradable de tratar, y por lo tanto, es más fácil tratar de evitar estas emociones que tratar con ellas.

Ahí es cuando la gente elige recurrir a las distracciones para "despejar su mente".

Mucha gente preferiría hacer cualquier cosa que estar a solas con sus pensamientos durante 5 minutos. A menos que, por supuesto, supieran cómo tratarlos, lo que nos lleva de nuevo a por qué la inteligencia emocional importa.

Cuando se mira a la gente con un alto nivel de Inteligencia Emocional, se observa el tipo de rasgos positivos que emiten. Una de las cualidades que encontrarás más a menudo es positiva, y esto es porque se han entrenado para pensar de esta manera. Tampoco huyen de sus emociones, sino que eligen lidiar con ellas.

El psicólogo, neurólogo y sobreviviente del Holocausto austriaco Viktor Frankl creía en esto: *"Entre la respuesta y el estímulo, hay espacio. Dentro de ese espacio reside nuestro poder en la forma en que elegimos responder. Es en nuestras respuestas donde se encuentran el crecimiento y la libertad"*.

Él tenía razón. El poder reside en la forma en que eliges responder. La vida no siempre va a ir por el camino que quieres. Tiene que haber un equilibrio entre lo bueno y lo malo.

Cuando estás demasiado concentrado tratando de asegurarte de que tu vida sea siempre placentera, todavía te vas a encontrar atascado en un ciclo que te va a hacer miserable de todos modos.

Debe haber un equilibrio porque es a través de los malos tiempos que aprendemos a apreciar lo bueno. Es a través de las experiencias negativas que aprendemos cuán fuertes somos y cuán capaces somos de superar cualquier cosa que nos propongamos.

No siempre será cómodo. Tampoco va a ser siempre fácil. Pero es necesario aprender a tratar con las emociones, especialmente las emociones negativas.

Es uno de los requisitos necesarios para desarrollar la inteligencia emocional, y así es como se puede empezar a tratar con las emociones de una manera saludable:

- **Déjalas pasar** - Reconócelas a su paso, pero no te resistas a ellas porque no van a durar. Siempre recuérdate de eso. Acéptalas cuando pasen, pero rápidamente desasóciate de esas emociones también para que puedan pasar. Tus pensamientos no dictan quién eres, solo están aquí por un breve momento antes de que eventualmente desaparezcan. Aferrarse a ellos, negarlos e ignorarlos solo hará que se queden más tiempo del que deberían.

- **Sé curioso acerca de tus emociones** - En lugar de negarlas, intenta observarlas con una mente curiosa.

  La gente que es curiosa, dispuesta a aprender y mejorar tiene lo necesario para tener éxito. La curiosidad lleva a la pasión a lo mejor, y cuando una persona es apasionada, es mucho más probable que se deje llevar y se convierta en una mejor versión de sí misma.

  La gente que tiene curiosidad nunca deja de aprender, siempre está en busca de cosas que le hagan crecer y aprender.

La próxima vez que sientas algo, presta atención a lo que le pasa a tu cuerpo. Explora con una mente curiosa de dónde se están manifestando estas emociones y sentimientos.

¿Cómo te afectan físicamente?

¿Por qué reaccionaste de esta manera?

Hay muchas preguntas que podrías hacer en relación con tus emociones, así que permite que cada pregunta te lleve a un mayor sentido de conciencia sobre tus emociones.

- **Etiqueta tus emociones -** Las investigaciones han indicado que cuando pones un nombre (etiqueta) a tus emociones, estás escudriñando esas emociones, observando su intensidad.

  Al hacerlo, es muy probable que esa conciencia de sí mismo haga que te sientas inmediatamente menos intenso acerca de la emoción porque le estás prestando atención en lugar de dejarte llevar por cómo te hace sentir.

- **No intentes controlar todo -** Como Frankl señaló, tu poder proviene de tus respuestas.

Para lidiar efectivamente con tus emociones, primero debes dejarte llevar y estar bien con no controlar todo.

La idea de no tener nunca el control total puede ser aterradora para muchos, pero esa es la realidad de la situación. Nunca tienes el control total de nada, todo lo que puedes hacer es lo mejor.

Cuando te permites estar abierto a nuevos cambios, estar dispuesto a adaptarte a las curvas inesperadas que la vida te presenta, te conviertes en una persona más feliz.

- **Reestructura tus sentimientos** - Tu percepción puede cambiarlo todo.

Tus sentimientos existen para decirte algo, y una vez que reformulas la forma en que los miras, toda tu visión puede cambiar.

En lugar de ver las emociones negativas como algo que está ahí para causarte dolor y miseria, pregúntate a ti mismo en lugar de lo que esos sentimientos están ahí para enseñarte.

Cuando te decepcionas por no haber logrado un objetivo que te habías propuesto inicialmente, replantea la forma en que te sientes, y pregunta *¿qué puedo aprender de esta emoción?*

Si estoy decepcionado, ¿en qué tengo que trabajar para que suceda la próxima vez?

- **Tolerar sus sentimientos -** La mayoría (si no todos) de nosotros preferiríamos no tratar con las emociones negativas en absoluto si podemos evitarlo.

  Es comprensible, dado que estas emociones son incómodas, pero tratar de escapar de ellas nunca va a ser una solución efectiva.

  En cambio, cuando aprendas a tolerar estas emociones y dejes que sigan su curso, te darás cuenta de que te hacen más fuerte y te enseñan algunas lecciones valiosas al mismo tiempo.

- **Practica la gratitud -** Incluso en tus momentos más infelices, siempre hay algo por lo que estar agradecido. Las emociones negativas tienden a hacernos olvidar eso, pero aprender a ser agradecido durante tus momentos más desafiantes puede hacer maravillas para construir la resistencia.

Cuando aprendes a encontrar el lado bueno de las experiencias desagradables, aprendes a no detenerte en lo negativo y, con el tiempo, esto te ayuda a regular y manejar mejor tus emociones.

- **Hacer ejercicio -** Una de las mejores cosas que puedes hacer por tu bienestar emocional y físico es hacer ejercicio.

  Es un método comprobado de liberación de endorfinas y otros químicos por el cerebro para ayudarte a sentirte mucho mejor. Una mente y un cuerpo más sanos facilitan la regulación de sus emociones.

  Hacer algún tipo de ejercicio es una salida que muchas personas encuentran especialmente útil como una forma de liberar toda esa energía acumulada sin dañar a nadie más en el proceso.

  Los ejercicios agresivos, especialmente como las artes marciales del kickboxing, pueden resultar una salida efectiva y saludable para canalizar las emociones.

  Otros eligen el enfoque más tranquilo para ayudarles a encontrar la paz y la serenidad en medio de su confusión emocional.

- **Pasar más tiempo al aire libre** - Puede parecer un enfoque inusual, pero tomar un poco de aire fresco y alejarse de su entorno habitual de vez en cuando puede ser una experiencia liberadora.

  Pasamos la mayor parte del tiempo, ya sea en casa o en el trabajo. Un cambio refrescante de la vida en la ciudad puede ser justo lo que necesitas para levantar tu espíritu y calmar tus emociones.

Puntos clave a tener en cuenta

Para resumir, esto es lo que sabemos sobre nuestro yo emocional:

- En el modelo *Conócete a ti mismo - Escógete a ti mismo - Entrégate*, estás viendo los tres pasos principales que tienen lugar cuando la IE está presente. *Conocerte a ti mismo* es tu "qué" (qué acción decides), mientras que *Escogerte a ti mismo* es tu "cómo" (cómo vas a llevar a cabo tu decisión). *Entregarse a sí mismo*, por otro lado, es tu "por qué" (por qué estás eligiendo este curso de acción a tomar).

- Tenemos dos mentes dentro es la *Mente Pensante* y la *Mente Observadora*.

- La conciencia de tus emociones por sí sola no es suficiente; necesitas inyectar razonamiento en la ecuación.

- Tus mejores decisiones se toman cuando aprendes a combinar tanto la lógica como la emoción, en lugar de depender de uno u otro extremo.

- La gestión de las emociones se puede hacer una vez que se encuentra un equilibrio entre lo bueno y lo malo.

- Todas las emociones se pueden manejar con los mecanismos adecuados para afrontarlas, incluso las emociones negativas. Huir de tus sentimientos nunca va a ser la respuesta, así que aprende a aceptarlos en su lugar y observa lo que puedes aprender de ellos.

Capítulo 3: Así Es Como Se Ve El Liderazgo

Cada uno tiene su propia definición de lo que cree que es un buen liderazgo.

El autor, orador y pastor estadounidense John C. Maxwell, sin embargo, parece haber resumido bien el concepto cuando dijo: *"Un líder es alguien que conoce el camino, va por el camino y muestra a todos los demás el camino"*.

Sin embargo, no importa cómo lo definas, una cosa de la que puedes estar seguro es que un buen líder puede significar la diferencia entre la victoria y el fracaso.

Un líder necesita ser un visionario, entre muchas otras cosas, y en este capítulo, exploraremos los rasgos que distinguen a un líder efectivo de uno pobre.

¿Qué hace a un líder? Cualidades de liderazgo exploradas

El liderazgo efectivo puede ser angustioso. Ser un líder efectivo de un equipo de personas que cuentan contigo para inspirarlas, para dirigirlas en la dirección correcta hacia el logro de un objetivo común es una tarea aún más abrumadora.

Es una gran responsabilidad, y un líder es aquel que puede dirigir eficazmente su equipo y sacar lo mejor de todos los que están bajo su guía.

Un líder exitoso es aquel que puede sacar lo mejor de todos con los que trabaja. Ellos son los que saben cómo encabezar el viaje hacia el éxito.

Un gran líder tiene una saludable mezcla de varias cualidades que contribuyen a su éxito general, entre las que se incluyen:

- **Ser honesto y actuar con integridad -** En las sabias palabras de Dwight D. Eisenhower, 34° Presidente de los Estados Unidos, *"La cualidad suprema del liderazgo es sin duda la integridad. Sin ella, el verdadero éxito no es posible"*.

  No importa qué posición de liderazgo ocupes, ya sea en una empresa, un equipo deportivo, un ejército, o cualquier escenario en el que estés a cargo de un grupo de personas, sin integridad y honestidad, nunca lograrás el verdadero éxito.

  Debes demostrar la capacidad de mantener tus valores y creencias fundamentales, y solo cuando tus seguidores vean que pueden depositar su confianza en ti, se sentirán seguros de tu capacidad de liderazgo.

> "La integridad es decirme la verdad. Y la honestidad es decir la verdad a otras personas".
>
> — Spencer Johnson

- **Tener confianza** - Antes de poder liderar a otros, necesitas tener la suficiente confianza en tu propia habilidad para hacerlo.

  Otras personas no van a seguir tu liderazgo y tus órdenes si no estás seguro de las decisiones que tomas.

  Nadie va a creer en un líder que siempre está nervioso y cuestionando sus propias decisiones.

  Un líder efectivo necesita siempre mostrar tanto confianza como asertividad, una fuerza en la que los demás puedan sentirse cómodos.

  No es necesario tener un exceso de confianza, pero sí que reflejes un cierto grado de confianza, que permita a tus seguidores desarrollar la confianza en ti como líder.

> "Porque uno cree en sí mismo, no trata de convencer a los demás".
>
> — Lao Tzu

- **Ser respetuoso con todos -** El respeto es uno de los principales principios clave que deben estar presentes.

  Un líder debe respetar a sus subordinados para ganar respeto a cambio.
  El respeto, sin embargo, debe ser *ganado*, nunca exigido.

  Cuando los líderes no respetan a sus seguidores y viceversa, las cosas pueden desenvolverse muy rápidamente, y no de una manera positiva.

  El mejor tipo de líderes y gerentes son aquellos que proporcionan un ambiente de trabajo donde los empleados se ayudan entre sí y valoran las contribuciones que cada uno hace.

Un líder eficaz proporciona constantemente aliento y ayuda a sus seguidores a superar los desafíos que se les presentan sin menospreciarlos.

> "El respeto es una calle de doble sentido, si quieres conseguirlo, tienes que darlo".
>
> — R.G. Risch

- **Ser una inspiración -** Ser una inspiración es probablemente una de las tareas de liderazgo más difíciles que podrías asumirn.

  Necesitas dar un buen ejemplo a ti mismo - si quieres que otros te sigan.

Como líder, todas las miradas estarán siempre puestas en ti, viendo cómo manejas las situaciones difíciles.

Como el sexto presidente de los Estados Unidos, John Quincy Adams dijo una vez: *"Eres un líder si tus acciones inspiran a otros a aprender más, a soñar más, a ser más y a hacer más"*.

La capacidad de mantener la calma y la compostura bajo presión, de ser optimista cuando los demás no pueden, de pensar positivamente y de resolver problemas de forma creativa, eso es lo que constituye un líder eficaz.

> "Los líderes inculcan en su pueblo la esperanza de éxito y la creencia en sí mismos. Los líderes positivos capacitan a la gente para lograr sus objetivos".
>
> — Unknown

- **La consistencia es la clave -** Una de las peores cosas que puedes hacer como líder es parecer desorganizado y disperso.

Como líder, debes recordar que todos te buscan para que los guíes, y es de ti de quien reciben las órdenes.

Para ser efectivo, debes ser consistente en la forma en que haces las cosas. Sé justo en tu trato y en tus recompensas, sé consistente en tus métodos de liderazgo, y sé consistente en tus principios.

> **"El éxito no siempre se trata de la grandeza. Se trata de la consistencia. El trabajo duro y constante lleva al éxito. La grandeza vendrá".**
>
> — Dwayne Johnson

- **Ser Apasionado y Comprometido -** La gente va a buscarte para que los guíes, y no van a estar motivados para hacer lo mejor si su líder no muestra la misma pasión y compromiso hacia el logro de ese objetivo.

Cuando un líder no tiene miedo de arremangarse y también de ensuciarse las manos, otros seguirán su ejemplo por el compromiso y la pasión por hacer el trabajo que se está demostrando.

Para ganarte el respeto de tus subordinados, así es como lo tienes que hacer. Sin compromiso y pasión, será una tarea difícil para cualquier líder mantener el fuego de la motivación.

> **"Cuando estás rodeado de gente que comparte un compromiso apasionado en torno a un propósito común, todo es posible".**
>
> — Howard Schultz

- **Ser un ejemplo -** Un líder efectivo es alguien que puede liderar con el ejemplo.

Practica lo que predicas porque tu gente te observa de cerca y lo que haces.

Si insistes en que tu equipo sea puntual, entonces debes asegurarte de que tú también lo seas.

Si te mantienes calmado y tranquilo en situaciones estresantes, tu equipo hará lo mismo.
Sé alguien a quien tu equipo pueda admirar y respetar, y muéstrales lo correcto haciendo primero lo correcto.

> **"No diriges a la gente por lo que les dices, sino por lo que ven que haces. Los verdaderos líderes son auto-líderes".**
>
> — Israelmore Ayivor

- **Exhibir buenas habilidades de comunicación -** Un líder necesita tener grandes habilidades de comunicación para trabajar, o va a ser muy difícil explicar su visión y decirles lo que hay que hacer para lograr un objetivo.

Va a ser una lucha para obtener los resultados que quieres si no puedes demostrar habilidades de comunicación efectivas.

Las palabras tienen el poder de inspirar, motivar y hacer que las personas superen sus límites, logrando cosas que nunca pensaron que fueran posibles.

Cuando un buen líder usa el poder de las buenas habilidades de comunicación, no se sabe qué puede inspirar a su equipo a lograr.

> “La buena comunicación es tan estimulante como el café negro, e igual de fuerte”.
>
> — Anne Spencer

- **Exhibir habilidades de toma de decisiones -** Como el que está a cargo, tomar decisiones va a ser parte de sus responsabilidades de liderazgo.

  Debes demostrar la habilidad de tomar las decisiones correctas cuando el tiempo lo requiera, y esto no es una hazaña fácil.

  Cada elección que hagas tiene una consecuencia, un impacto en ti y en las personas bajo tu liderazgo.

Debes pensar cuidadosamente en cada decisión que quieras tomar porque una vez que las ruedas estén en movimiento, tendrás que mantener tu elección.

Si hay mucho en juego, puede ser mejor obtener las opiniones de otros que también tienen un gran interés en la decisión.

> **"Estar dispuesto a tomar decisiones. Esa es la cualidad más importante en un buen líder".**
>
> — T. Boone Pickens

- **Ser responsable -** El ex-empresario Arnold H. Glasgow acertó cuando dijo *"Un buen líder es alguien que toma un poco más de la parte que le corresponde de la culpa, y un poco menos de la parte que le corresponde del crédito"*.

Eso es lo que significa ser un líder.

Eres responsable de lo que tú y tus subordinados hacen.

Cuando luchan, luchas junto a ellos, y cuando tienen éxito, les das el crédito y el reconocimiento que merecen por un trabajo bien hecho.

Si se tropiezan, trabaja con ellos para ver cómo puedes mejorar..

> **"Los líderes inspiran la rendición de cuentas a través de su capacidad de aceptar la responsabilidad antes de echar la culpa".**
>
> — Courtney Lynch

- **Estar dispuesto a escuchar -** Un líder necesita ser un buen oyente, y no solo escuchar por el bien de hacerlo tampoco.

  Necesitas ser capaz de escuchar *activamente* y prestar atención a lo que tu equipo tiene que decir.

Tú eres el único al que acudirán cuando sientan que algo debe mejorarse, y cuando tu gente sienta que su líder se toma en serio todas sus preocupaciones, por pequeñas que sean, y toma medidas para solucionarlas, se sentirán apreciados y reconocidos, lo que finalmente les impulsará a trabajar mejor y a rendir más.

> "El oído del líder debe sonar con las voces del pueblo".
>
> — Woodrow Wilson

- **Ser innovador y creativo -** La innovación y la creatividad son lo que distingue a un líder y a un seguidor.

En el mundo actual, siempre cambiante, ya no basta con ser uno u otro.

Un gran líder necesita tener estas dos cualidades, para ser capaz de pensar más allá cuando otros no pueden, para convertir las ideas en realidad.

Eso es lo que les hace ser un líder, no un seguidor.

> **"El verdadero signo de la inteligencia no es el conocimiento sino la imaginación".**
>
> — Albert Einstein

- **Tener empatía -** Un líder que elige el enfoque dictatorial del liderazgo puede lograr que las cosas se hagan, pero eso no necesariamente lo convierte en un gran líder.

  Un líder nunca puede hacer las conexiones significativas que necesita si la empatía no está presente.

Ser un líder efectivo significa que debe ser capaz de ponerse en el lugar de su equipo, para entender sus preocupaciones, está un paso más cerca de marcar la diferencia en sus vidas y en su rendimiento.

Así es como te conviertes en un gran líder.

> **"La empatía es la habilidad de entender y reconocer los sentimientos y perspectivas de los demás. Como líder, esa habilidad es obviamente importante"**
>
> — entrepreneur.com

El desarrollo de la inteligencia emocional como líder

En la mayoría de los contextos, es bastante fácil determinar quién es el líder.

En casa, en el trabajo, entre amigos, en el aula, en organizaciones (incluso las de voluntarios), incluso en la política.

Hay ciertas personas que se destacan y suelen establecerse como el que supervisa a todos los demás.

Tienen visión, carisma, metas y capacidades y estrategias para resolver problemas.

Pero por supuesto, eso solo no es suficiente. La inteligencia emocional también debe estar presente.

Goleman, en su libro, señaló que no importa lo que un líder quiera lograr, es cómo lo hace lo que determina si tiene éxito en sus empresas o no.

Según Goleman, un líder podría hacer todo bien, *pero si falla en la tarea fundamental de saber cómo conducir las emociones en la dirección correcta*, nada va a marchar tan bien como debería.

La inteligencia emocional es una parte necesaria del liderazgo porque ayuda a un líder a adaptarse y cambiar cuando lo necesita, incluso en el último minuto.

La capacidad de navegar por las emociones de los demás (y de sí mismos) es lo que les ayudará a manejar los giros inesperados que la vida les pueda dar.

Para convertirse en el líder efectivo que quieres ser, debes trabajar en la mejora de las habilidades de la IE, lo que significa que debes:

- **Hacer de la conciencia de uno mismo una prioridad** - Es la única manera en que vas a aprender a crecer a partir de las experiencias (y los errores) del pasado para garantizar el éxito de tus futuros esfuerzos.

- **Ampliar la forma de ver el mundo** - Uno de los mayores errores que podrías cometer como líder sería confinar tu círculo solo a las personas que hablan, actúan, hablan y se ven como tú.

  Un líder efectivo con una visión más amplia del mundo desarrolla la capacidad de ver las cosas desde múltiples puntos de vista, lo que luego le ayuda a tomar decisiones

mejores e informadas para asegurar el mejor resultado posible.
En un mundo que se está globalizando cada vez más, un líder necesita tener la mente abierta ahora más que nunca.

- **Crear una sensación de seguridad** - Tus seguidores necesitan sentirse lo suficientemente cómodos como para poder expresar sus opiniones y preocupaciones.

  Si tienen dificultades para trabajar con otro miembro de su equipo, necesitan sentirse lo suficientemente cómodos como para acercarse a ti -el líder- y plantear esas preocupaciones sin preocuparse de que vaya a haber repercusiones para ellos mismos.

  Como líder, necesitas establecerte como una figura de confianza y fomentar una política de puertas abiertas entre las personas a las que diriges, animándolas y haciéndolas sentir seguras cada vez que se acerquen a ti con un problema.

- **Reconocer las diferencias** - Para ser un líder eficaz que resuelve los problemas para siempre, de modo que no se repitan, es necesario adaptar las soluciones en función de la persona con la que se está tratando.

Si la Persona A se acerca a ti con un problema, cuando salga por la puerta de tu oficina, asegúrate de que sea con una solución perfecta para la situación por la que está pasando.

Y cuando la persona B venga a verte, no le des la misma solución que le diste a la persona A.

Aunque estas dos personas pueden estar enfrentando un problema similar, la forma en que se aproximen o manejen el problema será muy diferente porque son dos personalidades diferentes.

El problema se percibirá de forma diferente y, como tal, les afectará de forma diferente en el proceso.

Trata a los individuos de tu equipo como lo que son exactamente: individuos.

- **Aumentar tu fuerza interior -** En tu liderazgo, habrá momentos que te empujarán más allá de tus límites.

Momentos que te desafían y amenazan con vencerte, poniendo a prueba tu voluntad para ver de qué estás hecho.
Es por esta razón que debes desarrollar la fuerza interior como parte de tus habilidades generales de la IE, para ser

capaz de capear la tormenta y aún así mostrar autocontrol y positividad a pesar de las dificultades que se enfrentan.

- **Cultivar una naturaleza nutritiva** - Un líder efectivo es aquel que no teme a un desafío, incluso si el desafío se presenta en forma de trabajar con alguien que puede ser más inteligente que ellos.

  ¿Por qué?

  Porque un buen líder entiende que no se trata de ellos, sino de la organización en su conjunto y de todos los involucrados, por lo que un líder eficaz es aquel que fomenta y nutre el talento del que está rodeado, incluso si eso significa que puede haber algunos que terminen siendo mejores que ellos.

Introspección y Retrospección

Uno de los aspectos únicos del ser humano es el diverso espectro de emociones que somos capaces de sentir.

Con una amplia gama que va de arriba a abajo, oscilando de suave a intenso dependiendo de la situación, en algún punto del camino empezamos a desconectarnos de nosotros mismos a medida que nos perdemos en el caos que las emociones a veces pueden traer.

La introspección, por lo tanto, es necesaria para restaurar el equilibrio y devolvernos una vez más a una vida feliz y saludable.

La vida, en general, es una serie de experiencias de aprendizaje que nos presentan una oportunidad para crecer, tomar mejores decisiones y mejorar nuestra calidad de vida en general.

Una gran parte de este viaje implica la introspección, un proceso que implica tomarse el tiempo para mirar dentro de uno mismo y reflexionar sobre el progreso que se ha hecho hasta ahora.

El proceso introspectivo puede resultar beneficioso mientras trabajas en el desarrollo de tus niveles de inteligencia emocional.

Algunos de los beneficios que la introspección puede proporcionar incluyen:

- **Ayudarte a definir tu propósito** - La introspección te permite reflexionar sobre tus acciones hasta ahora, y las contribuciones que has hecho.

  Cómo has influenciado a otros, cuáles son tus metas, y qué papel con propósito puedes jugar en tu vida en este momento.

- **Liberarte de la ignorancia** - La introspección te obliga a enfrentarte a lo que está ocurriendo en tu interior, para que no puedas seguir negando o ignorando todos los pensamientos y emociones de los que has intentado huir durante tanto tiempo.

  Al hacerlo, te iluminas, liberándote de los grilletes de la ignorancia y finalmente logras la paz mental cuando ya no tratas de negar partes de ti mismo.

- **Aliviando tus ansiedades** - Esa energía nerviosa e inestable que has estado llevando por tanto tiempo y que ha contribuido a tus ansiedades, finalmente se aliviará una vez que abraces la introspección.
  Cuando tu mente está preocupada por enfocarse en lo negativo, nunca logrará la claridad mental que la inteligencia emocional requiere.

  La introspección alienta la reflexión, y la capacidad de analizar en lugar del pánico para que puedas responder mejor.

- **Proporcionar claridad mental** - Cuando te tomas el tiempo para conocerte a ti mismo, tu perspectiva cambia completamente.

Empiezas a ver las cosas de una manera diferente.

La introspección permite la claridad mental necesaria para que puedas tomar decisiones objetivas de cara al futuro.

- **Construir el carácter -** Cuando miras hacia adentro, te ves a ti mismo como la persona que eres.

  Cuáles son tus fortalezas, tus debilidades, tus valores, tus creencias, lo que representas, y lo que te hace "marcar".

  Mirarse a sí mismo con honestidad te permitirá ver qué áreas podrías necesitar mejorar y cambiar para convertirte en la mejor versión de ti mismo que quieres ser.

- **Recordándote que te escuches a ti mismo primero -** Nadie te conoce mejor de lo que te conoces a ti mismo, pero cuando nos vemos atrapados en tratar de complacer a los demás o en las distracciones que hay, nos olvidamos de escucharnos a nosotros mismos.

  Nos olvidamos de confiar en nuestros instintos, en nuestras tripas, en nuestro corazón y en nuestra mente, que pueden contener las respuestas que hemos estado buscando todo el tiempo.

- **Fuerza para enfrentar tus miedos** - Todos tienen miedo de algo, incluso las personas que parecen ser más valientes que nosotros.

  Cada uno tiene su propio conjunto de miedos a los que enfrentarse, y los emocionalmente inteligentes usan la introspección para superarlos.

  Reflexionando sobre esos miedos, son capaces de pensar en lo que tienen que hacer para superar esos miedos avanzando y al hacerlo, regular sus emociones adecuadamente para manejar esos miedos.

La retrospección, por otra parte, funciona de manera un poco diferente.

Mientras que la introspección se centró en tratar con lo que está dentro de ti mismo, la retrospección requiere acercarse a tu entorno externo con empatía.

Así es como aprendes a entender mejor el mundo (y la gente) que te rodea y aprendes a navegar con éxito por tu entorno.

El filósofo Roman Krznaric cree que ahora vivimos en una época en la que la forma definitiva de la retrospección es la empatía, y hacia esto es hacia lo que debemos empezar a cambiar nuestra mentalidad si queremos llevar una vida exitosa.

Krznaric, responsable de acuñar este término, cree que la retrospección podría cambiar mucho del aprendizaje y el desarrollo por el que pasamos.

El diccionario define la retrospección como *"el enfoque para conocerse mejor a sí mismo a través del desarrollo de las relaciones y el pensamiento empático con los demás"*.

Para desarrollar esta habilidad, es necesario:

- **Tener sed de curiosidad** - Ser curioso no es algo malo, a diferencia de lo que el viejo dicho *"la curiosidad mató al gato"* te haría creer.

  La curiosidad, de hecho, puede abrir nuevas posibilidades y fomentar la apertura de la mente, que es el rasgo que vas a necesitar si quieres ser más empático.

- **Levanta la mano y pregunta** - Cuando tienes curiosidad, pero te guardas esos pensamientos para ti mismo en vez de vocalizarlos, eres introspectivo.

Para estar en un modo de retrospección, necesitas estar siempre haciendo preguntas.

Las preguntas te dan las respuestas que necesitas, y nunca debes sentirte estúpido o avergonzado de tener preguntas en tu mente.

Podría haber otros con las mismas preguntas que tú, pero son demasiado tímidos para hablar.

La empatía implica preguntas de "por qué" para conseguir que la persona se abra y confíe en ti.

- **Siempre haz conexiones** - Las personas son criaturas interesantes, especialmente las que nunca has conocido.

  Tienen su propia historia que contar, una historia que compartir, y siempre hay algo que puedes aprender de cada encuentro.

  La retrospección requiere la búsqueda implacable de hacer siempre conexiones. Conecta con la gente que tienes en tu vida ahora, y conecta con gente nueva que nunca has conocido antes.

Cada encuentro es un ejercicio de habilidades de inteligencia emocional mientras trabajas en el desarrollo de tu habilidad para empatizar con ellos y ver el mundo desde su perspectiva.

Ser un líder necesita autoconciencia, autorregulación y motivación

> "Tus visiones se aclararán solo cuando puedas mirar en tu propio corazón. Quien mira afuera, sueña; quien mira adentro, despierta".
>
> — C.G. Jung

El liderazgo es un éxito en sí mismo porque estás en una posición de poder, una posición influyente.

Otras personas te buscan para que les guíes cuando eres un líder.

Algunos podrían inspirarse en ti y desearían ser como tú.

Lo que pasa con el éxito es que los retos y contratiempos que enfrentas en el camino a veces pueden pasarte factura.

Por eso necesitas el factor de motivación de la inteligencia emocional para seguir adelante. Mentalmente, físicamente, espiritualmente, emocionalmente, el viaje al éxito es un camino largo, sinuoso y difícil.

Solo los fuertes saldrán victoriosos. Para alcanzar la grandeza, necesitas trabajar duro, sacrificarte, perseverar contra todas las probabilidades y nunca renunciar, aunque cada emoción en tu cuerpo te diga que te rindas.

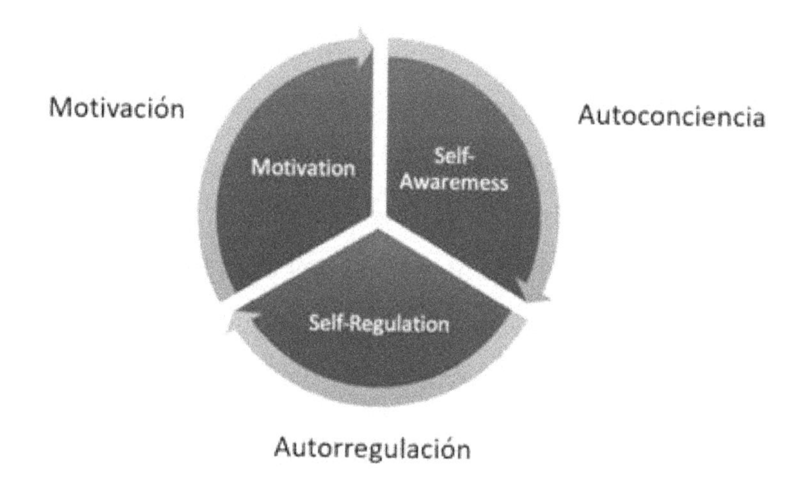

3 claves para un liderazgo efectivo

¿Por qué importan estas tres cualidades?

Un estudio reveló una vez que una de las cualidades más fuertes necesarias para lograr el éxito era la conciencia de sí mismo.

¿Por qué?

Porque este rasgo te da la conciencia que necesitas sobre tus propias debilidades, y te proporciona una visión de cuáles pueden ser las debilidades de los demás.

La conciencia de sí mismo permite a un líder aceptar cuando alguien puede tener mejores ideas que ellos, y aprender a trabajar junto con personas de todo tipo de orígenes diferentes. La conciencia de sí mismo es lo que da a un líder la determinación y la motivación necesarias para trabajar continuamente en la mejora y superar cualquier limitación que pueda tener para un bien mayor.

Cuando se combina con técnicas de autorregulación, puede causar un efecto dominó que pone las cosas en movimiento.

Un líder siempre se enfrentará a un desafío tras otro, y es la capacidad de regular sus acciones lo que definirá su éxito.

La motivación, por otro lado, es el rasgo orientado a la meta que ayuda a un líder a lograr todos los objetivos que se propone.

Es esta característica la que empuja a los líderes a seguir persiguiendo sus objetivos, y a no detenerse hasta que hayan logrado lo que se propusieron.

Un líder con conciencia de sí mismo entiende a sus seguidores y es capaz de trabajar con cada persona según sus puntos fuertes.

Un líder utiliza la motivación como una herramienta de estímulo, un sistema de recompensas y un medio para influir en las personas que necesita.

Estas tres características son necesarias para un liderazgo efectivo, y juntas, estas cualidades son las que separan a un líder efectivo de uno pobre.

Puntos clave a tener en cuenta

- La inteligencia emocional en el liderazgo son cualidades que pueden ser desarrolladas.

- La introspección y la ultrapasión son dos habilidades beneficiosas para tener como líder.

  La primera te enseña a mirar hacia adentro para conocerte mejor.

  La segunda te enseña a conectarte con la gente y el mundo que te rodea a través de las relaciones y la empatía.

- Ser un líder efectivo significa que debes desarrollar tu autoconciencia, autorregulación y motivación.

Capítulo 4: Convertirte En Tu Propio Maestro

Ahora que eres capaz de empezar a notar conscientemente cuando tus emociones están sucediendo, es hora de dar el siguiente paso.

La siguiente fase te ayudará a trabajar para convertirte en el maestro de tus emociones, y al hacerlo, necesitas empezar a hacer preguntas que te ayudarán a profundizar en tu comprensión de la forma en que las emociones te afectan.

Algunas preguntas reflexivas para ayudarte a empezar incluyen:

- ¿Qué emoción estoy experimentando ahora mismo?

- ¿Qué es lo que esta(s) emoción(es) trata(n) de decirme? ¿Estoy escuchando de la manera en que debería hacerlo?
- ¿Por qué me siento así? ¿Qué es lo que quiero?
- ¿He hecho alguna conclusión/decisión/juicio basado en estas emociones que siento? Si es así, ¿cuán precisas son?

La forma en que respondas a estas preguntas te acercará un paso más a la comprensión de las mismas, antes de que eventualmente aprendas a dominar tus emociones.

Te pone en una posición en la que tú eres el que tiene el control, no tus emociones.

La visión más vital y las pistas de nuestro estado emocional se encuentran en la forma en que nuestros cuerpos responden fisiológicamente.

Cuando sientes que tu corazón late con más fuerza y tu cara se sonroja y te sientes acalorado durante una discusión, eso es una indicación de que la emoción que sientes es la ira.

Cuando sientes una sensación nerviosa en el estómago (a menudo llamada "mariposa"), es una indicación de que estás experimentando nerviosismo.

Sentirse mareado por la emoción y tener una sonrisa que no se va de tu cara te dice que te sientes feliz.

Cuando tu corazón late con fuerza, acompañado de sudores fríos y un aumento de la frecuencia cardíaca, eso podría ser una indicación de miedo.

Podemos aprender a identificar las diferentes emociones que experimentamos según cómo nos hacen sentir, actuar y pensar.

El pensamiento de ciertos recuerdos, por ejemplo, podría hacerte sentir feliz o triste, incluso enojado.

Estos recuerdos son lo suficientemente fuertes como para invocar emociones en el presente, lo que a veces podría afectar a la manera en que nos comportamos ahora y a las decisiones que tomamos.
Tal vez te hirió en el pasado un ex-amante, y el recuerdo de eso sigue causando las mismas emociones dolorosas hoy en día que en aquel entonces.

Cuando conoces a una nueva pareja potencial que tiene sorprendentes similitudes con la pareja del pasado, esas emociones podrían hacer que reaccionaras subconscientemente de forma negativa hacia esa nueva pareja sin siquiera darle la oportunidad de probarse a sí misma.

La única manera de superar esto es entender conscientemente por qué sientes, piensas y reaccionas de la manera en que lo haces, y qué se puede hacer para cambiar eso.

Reconocer las emociones y los sentimientos dentro de uno mismo

No puedes manejar lo que no entiendes, y esto no se aplica solo a las emociones.

Para poder manejar cualquier cosa, necesitas saber lo que estás haciendo. Una vez que sabes cuál es el problema, *entonces* puedes empezar a tomar las medidas necesarias para rectificar el problema.

Darse cuenta de que estás triste, y luego comprender las razones de tu tristeza, te permite pensar en los pasos que puedes dar para sentirte mejor.

Por ejemplo, si sabes que te sientes triste porque hace tiempo que no ves a tu familia, los siguientes pasos que puedes dar para sentirte mejor son hacerles una visita.

Comprender las emociones es la clave para mantenernos bajo control, especialmente de las emociones que podrían influir en ti hacia un comportamiento peligroso, como herir a alguien físicamente cuando estás abrumado por la ira.

Ser consciente de lo que estas emociones pueden hacerte, te permite tomar las precauciones necesarias para prevenir este comportamiento destructivo.

Otro ejemplo de cuándo tus emociones pueden hacerte reaccionar de una manera de la que luego te arrepientas es en el trabajo.

Digamos que estás en una sesión de lluvia de ideas, y uno de tus colegas descarta tus ideas, llamándolas “tontas” o “ridículas”. Comentarios como esos pueden provocar emociones como la ira o la frustración dentro de ti, causando que tu corazón se acelere al chocar contra tu pecho, y que tu presión sanguínea se eleve.

Esa reacción fisiológica podría obligarte a sentir que quieres arremeter contra tu colega y decirle exactamente lo que piensas.

Sin embargo, entrar en una confrontación con tu colega solo te va a meter en problemas y reflexionar mal sobre tu carácter.

Ser consciente de las implicaciones entonces hará que manejes tus acciones y emociones activamente.

En lugar de entrar en un acalorado debate con tu colega, eliges el mejor enfoque y respetuosamente estás en desacuerdo con ellos.

Una vez que la reunión ha terminado, entonces procedes a encontrar una alternativa para liberar tus emociones reprimidas hasta que te sientas mejor.

Eso es lo que una persona emocionalmente inteligente haría:

- Reconocer los signos de una emoción intensa (latidos del corazón y aumento de la presión arterial)

- Pensar en las implicaciones de lo que podría suceder si eligieran reaccionar impulsivamente (mala reflexión sobre el carácter, decir algo de lo que podrían arrepentirse)

- Regular su reacción apropiadamente (respetuosamente en desacuerdo)

- Encontrar una salida alternativa y saludable para canalizar sus emociones hasta que se sientan mejor

Así es como la acumulación hacia la resistencia emocional comienza a tener lugar.

Dominar el autocontrol básico

> "Ningún hombre es libre si no es dueño de sí mismo".
>
> Epicteto

Cuando aprendas a controlar tu autocontrol y tu fuerza de voluntad, es cuando tu estado de ánimo cambiará completamente para mejor.

No solo en términos de dominar tus emociones también.

Tus relaciones mejoran cuando reaccionas de forma menos impulsiva, tu capacidad de mantener tus objetivos y de llevarlos a cabo hasta el final mejora con determinación, no te rindes tan fácilmente cuando tienes un fuerte control sobre tu autocontrol.

Lograr cualquier cosa que se proponga se convierte en una posibilidad muy real, ya sea que intentes dejar de fumar, seguir un régimen de ejercicios hasta que pierdas el peso que quieres, e incluso aprender a controlarte incluso cuando estás en un estado mental extremadamente emocional.

Todo cambia cuando aprendes a convertirte en el maestro del autocontrol, la fuerza de voluntad y la determinación.

Las emociones, cuando están fuera de control, pueden hacer que pierdas los sentidos.

La lógica y la razón se van por la ventana cuando las emociones están en control.

Tus decisiones ya no son tuyas, sino que son impulsadas por tus impulsos. La fuerza de voluntad es posible cuando se combina con el autocontrol.

El autocontrol y la fuerza de voluntad son dos de las cualidades más difíciles de dominar, principalmente debido a los muchos obstáculos que se encuentran en el camino.

Entre estos obstáculos se incluye la falta de comprensión o conocimiento sobre el autocontrol, la fuerza de voluntad y los trabajos de disciplina.

La mayoría de nosotros queremos un cambio para mejor, pero no sabemos cómo aprovechar la fuerza de voluntad para alimentar ese deseo de una manera lo suficientemente fuerte como para iniciar el cambio que se necesita.

Otro obstáculo podría ser no ser lo suficientemente específico sobre los hábitos o el comportamiento que se necesita cambiar.

Tienes una idea aproximada de que *algo* necesita cambiar, pero no los detalles o los detalles específicos, ya que rara vez nos gusta reflexionar sobre nuestras debilidades durante demasiado tiempo - una falta de introspección, para ser más específicos.

Sin los detalles específicos, es difícil tener claro en qué necesitas centrarte para ver un cambio real en tu vida.

Sin enfoque, no hay nada a lo que la fuerza de voluntad pueda aferrarse.

Dominar el autocontrol va a ser un reto, así que no seas demasiado duro contigo mismo si experimentas reveses en el camino.

Es importante que con cualquier cambio importante, trabajes en dar pasos pequeños con tu progreso.

También puede ser más fácil si te centras en manejar primero los problemas más pequeños, antes de ir avanzando a medida que desarrollas la confianza en tu capacidad de autocontrol.

Esto es lo que puedes hacer para empezar:

- **Haz una lista de los problemas en los que tienes que trabajar.**

  Por ejemplo, si sabes que tu problema principal se desencadena con demasiada facilidad y que casi cada pequeña cosa es suficiente para desencadenar tu ira, trabaja en el manejo de ese tema antes de pasar al siguiente.

  Tener una lista hace que sea más fácil ver lo que necesitas hacer.

- **Trabaja en superar un problema a la vez en vez de tratar de lidiar con todo a la vez.**

  Por más tentado que estés de hacerlo, no lo hagas.

  Sí, puede parecer que tiene más sentido tratar de terminar todo de una vez, te vas a sentir abrumado.

Establece objetivos realistas y trabaja en un tema a la vez para hacerlo más manejable.

Una vez que hayas logrado un objetivo, pasa al siguiente.

- **Observa tu estilo de vida y fíjate en las áreas que necesitan cambios.**

Para que el cambio sea efectivo, debe ser algo que se pueda ajustar fácilmente a tu rutina para que no se sienta como una carga.

Algunas personas tienden a rechazar el cambio cuando se sienten incómodas, por lo que el mejor enfoque sería tratar de introducir el cambio en su vida de forma gradual.

Lo más probable es que si el cambio es demasiado drástico, sentirás un impulso aún mayor de rendirte.

- **Observa el tipo de pensamientos impulsivos que tienes y lo que los desencadena.**

Señala cuáles son, los desencadenantes, y lo que te gustaría hacer para aprender a controlarlos.

- **Es probable que el autocontrol sea difícil para ti en las primeras etapas.**

  Tener que ejercitar la contención te va a frustrar, posiblemente incluso te enfadará.

  Para evitarlo, ten a mano un plan de respaldo y algunas distracciones para que puedas desviar tu tren de pensamiento cuando lo necesites.

  Cuando sientas que tu frustración aumenta porque te estás conteniendo, distráete enfocándote en algo que te traiga alegría en su lugar.

- **Descompone tus objetivos de autocontrol en segmentos de 5 minutos.**

  En cualquier momento cuando estés empezando, practica el enfoque en el autocontrol por 5 minutos y gradualmente aumenta ese bloque de tiempo a medida que se hace más fácil.

  Después de 5 minutos, toma un descanso si lo necesitas, luego retómalo y hazlo de nuevo.

Dividiéndolo en segmentos de tareas más pequeños lo hace parecer mucho más factible, y podemos hacer cualquier cosa durante 5 minutos.

Solo 5 minutos es fácil, no hay nada que hacer y puedes hacerlo fácilmente sin sudar.

- **Consigue ayuda cuando la necesites.**

Aprender a desarrollar el autocontrol no es fácil, y no hay que avergonzarse de pedir ayuda si se va a llegar hasta el final.
A veces, hacer las cosas solo puede ser difícil, pero cuando tienes ayuda a tu lado, parece mucho más factible.

Si te resulta difícil mantenerte centrado y en el camino, pide ayuda a un amigo, colega o familiar que sea un gran fijador de metas y un maestro de la disciplina para que te ayude a mantenerte en el camino.

- **Recuérdate de las consecuencias de seguir con los malos hábitos.**

Hay una razón por la que querías cambiar en primer lugar porque sabes que continuar con tus malos hábitos, y las reacciones impulsivas no te van a hacer ningún bien.

- **Recompénsate por tu progreso.**

Todos necesitamos encontrar lo que nos motiva a seguir adelante, y no hay nada malo en permitir pequeñas recompensas para ti mismo cuando terminas un trabajo si eso es lo que necesitas para seguir adelante.

Si tener pequeñas recompensas que esperar te hace seguir adelante, entonces, por todos los medios, usa eso para alimentar tu determinación.

Piensa en la recompensa como tu línea de meta, y no puedes esperar a llegar al final porque te hará feliz.

Cómo reconocer las emociones básicas en los demás

The Expression of the Emotions in Man and Animals de Charles Darwin, publicada en 1872, fue una de sus obras menos famosas, sin embargo fue la responsable de dar inicio a esta idea de que nuestras expresiones faciales llevaban claras pistas sobre las emociones que sentimos.

Leemos las expresiones faciales de los demás todo el tiempo, especialmente cuando son obvias, para tratar de relacionarnos con ellos y entender lo que está pasando.

La capacidad de leer y analizar las verdaderas intenciones de otra persona, determinar su personalidad y averiguar lo que están pensando basándose en su lenguaje corporal es una habilidad verdaderamente notable.

Puede ayudarte a construir lazos significativos, formar relaciones fuertes, e incluso tomar decisiones más informadas y efectivas porque estás en sintonía con las verdaderas intenciones de la persona.

Sin embargo, leer las expresiones faciales sigue siendo un ejercicio difícil, sobre todo por lo que se nos ha enseñado a hacer desde que éramos jóvenes.

Ocultar y esconder tus emociones, y poner una cara valiente.

No hables de tus emociones, no las muestres en público, y no dejes que nadie sepa cómo te sientes realmente, lo cual es probablemente la razón por la que muchos de nosotros somos culpables de responder automáticamente *"Estoy bien"*, incluso cuando no lo estamos.

Esto puede llevar a menudo los mensajes confusos, a veces mezclados, cuando las expresiones faciales no se alinean con lo que se dice verbalmente.

Añadiendo una capa extra al reto de leer las emociones humanas y las expresiones faciales son las **diferencias culturales**.

Algunas culturas tienden a analizar las emociones y las expresiones faciales de manera diferente a como lo harían ustedes.

Algunas culturas, por ejemplo, probablemente estén acostumbradas a mostrar muchas reacciones y emociones fuertes que otras tratan de suprimir.
Cuando vemos a otra persona expresando emociones de la misma manera que nosotros, esto tiende a influir en la forma en que desciframos cómo podría estar sintiéndose.

Sin embargo, hay una zona específica de la cara que va a dar la mayor comprensión de cómo alguien puede estar sintiendo.

Esa zona no es otra que los ojos, las mismas ventanas de nuestra alma.

Presta mucha atención a los ojos.

Si alguien evita el contacto visual, hay una gran posibilidad de que se sienta incómodo, desinteresado, nervioso o aburrido.

Si sus pupilas están dilatadas, es seguro decir que están cómodos, tal vez incluso como tú.

Si parpadean demasiado (de una manera no natural), hay una fuerte posibilidad de que no sean del todo honestos contigo.

Si miran a la izquierda, podrían estar recordando un recuerdo genuino, y si miran a la derecha, podría ser una señal de que están tratando de inventar algo.

A pesar de este obstáculo, las expresiones faciales y el lenguaje corporal siguen siendo una parte integral del proceso de comunicación, ser capaz de descifrar cómo se siente otra persona sin que te lo digan es una especie de superpoder.

Casi como si tuvieras una visión secreta de sus pensamientos más íntimos. Sabes cuando se sienten felices, o tristes, tal vez incluso enojados, nerviosos o aburridos sin que digan una palabra, casi como si estuvieran leyendo la mente.

El objetivo principal de aprender a leer las expresiones faciales es tratar de determinar si la persona que está frente a ti es genuina.
Las pistas de expresión facial son extremadamente cruciales cuando se trata de descubrir los pensamientos más íntimos y la personalidad de alguien.

En muchos sentidos, te enseña a convertirte en un detector de mentiras humano.

Los humanos pueden ser grandes mentirosos, pero mientras que podemos ser capaces de engañar a nuestra mente para que diga palabras que no queremos decir, no podemos engañar a nuestro cuerpo para que ejecute la mentira perfectamente.

Ser capaz de leer las expresiones faciales y el lenguaje corporal es una excelente habilidad porque ser capaz de ver debajo de la superficie lo que está pasando con la persona te ayudará a tomar decisiones mejores y más informadas.

No es necesario aprender a identificar *todos* los espectros de la escala emocional humana, pero puedes aprender a identificar las señales que indican que una persona puede estar experimentando cualquiera de las siete emociones básicas:

Expresión #1: Indicadores de ira. Posiblemente la emoción más fácil de identificar, esta suele ir acompañada de expresiones faciales muy reveladoras.

Una ceja profundamente arrugada, cejas juntas ferozmente, labios apretados y delgados, puños en forma de bola, hombros tensos, fosas nasales acampanadas, mandíbula y músculos apretados.

También podían estar mirando fijamente con los ojos saltones o agrandados, la mandíbula inferior podía estar tensa y sobresalir, y los orificios nasales se abren cuando se producían intensos ataques de ira.

Todos estos son signos que muestran que la ira es la emoción actual por la que la persona está pasando.

Expresión #2: Indicadores de sorpresa. Los signos que indican que una persona se siente sorprendida incluyen cuando sus cejas están levantadas o ligeramente curvadas hacia arriba, dependiendo de la intensidad de la sorpresa.

Acompañando esto estaría la piel justo debajo de las cejas, que se estiraría cuando las cejas se levantan.

Las cejas levantadas harán que aparezcan líneas horizontales en la frente de la persona.

Los ojos también se agrandarán, con la parte blanca de los ojos prominente por encima y debajo de la pupila.
La sorpresa también estará acompañada por la apertura de la mandíbula de la persona, pero no habrá signos de tensión o estiramiento cuando lo haga.

Expresión #3: Indicadores de Miedo. Nuestras emociones más primarias evocan la respuesta de pelear o escapar.

Esta emoción también es fácil de identificar porque el lenguaje corporal de la persona normalmente es un regalo.

Cuando alguien está experimentando el amor, su expresión facial encarna esto.

Sus ojos estarán abiertos, se verán asustados, a veces su boca está abierta por el miedo o el shock, sus labios pueden temblar, sus fosas nasales están abiertas, e incluso a veces pueden estallar en sudores fríos (estas gotas de sudor normalmente aparecen por primera vez en la frente).

Expresión #4: Indicadores de repugnancia. Otra emoción común en la que las expresiones faciales son casi universales en todas las culturas es el asco.

La forma más fácil de describir la reacción de una persona sería que se encontrara con un mal olor. La nariz se arrugaría prominentemente para indicar asco, y las mejillas se levantarían para acompañar esta expresión.

Los párpados superiores también se levantarían, junto con el labio inferior.

Todas estas áreas faciales se ocuparían simultáneamente de expresar esta emoción, y así es como se puede decir con certeza que la persona está experimentando asco.

Expresión #5: Indicadores de Felicidad. Cuando una persona muestra signos de felicidad y entusiasmo, tiende a asentir y hacer muchos gestos.

Si observas a las personas que se apasionan por los temas de los que hablan, notarás que tienden a hacer muchos gestos con los brazos.
Hablan animadamente y hacen gestos con los brazos para enfatizar el punto que están haciendo.

Cuando una persona está entusiasmada y feliz por algo, también sonreirá mucho al expresar su punto de vista.

Cuando se experimenta la felicidad genuina, las comisuras de los labios de la persona se dibujan hacia atrás y hacia arriba.

Su boca puede estar partida a veces con los dientes expuestos, y sus mejillas se levantan con una sonrisa.

Una sonrisa que llega a los ojos tendrá las esquinas de esos ojos arrugadas, y también pueden aparecer líneas en la parte inferior de los párpados.

Expresión #6: Indicadores de tristeza. Esta puede ser una emoción fuerte que es difícil de ocultar.
Cuando una persona está infeliz o triste, si está en una conversación contigo, la parte superior de su cuerpo y sus pies normalmente se colocan lejos de ti, señalando su deseo interno de terminar la conversación porque su mente está en otra cosa.

También pueden tener los brazos cruzados frente al pecho, los hombros encorvados y la mirada hacia abajo, lo que indica sus sentimientos de infelicidad.

Las comisuras de los labios se girarán hacia abajo, y a veces el labio inferior puede hacer pucheros.

También puede haber un surco en el entrecejo que indica angustia.

La tristeza es una de las emociones más difíciles de fingir, ya que tiende a afectarte casi por completo.

Cuando estamos tristes, a menudo es difícil concentrarse en otra cosa que no sea la infelicidad que sentimos, y que se muestra de forma prominente en nuestros rasgos faciales y a través del lenguaje corporal.

***Expresión #7: Indicadores de engaño/mentira*.**
Podemos ser adeptos a ser engañosos con nuestras palabras, pero el cuerpo humano es un terrible mentiroso.

No todas las mentiras tienen la intención de engañar.

Por ejemplo, cuando alguien te dice "Sí, estoy bien, no te preocupes por eso" y no está bien, podría ser solo su manera de evitar que hagas más preguntas porque no necesariamente tienen ganas de hablar de ello todavía.

Una indicación de que alguien puede estar mintiéndote sería a través de sus gestos.

Una persona puede tocarse la cara o la nariz o incluso cubrirse la boca o la cara porque es otra forma subconsciente de ocultar una mentira.

El estrés del engaño también puede causar que la piel se enfríe y comience a picar o incluso a sonrojarse - fíjate cuando de repente se rasca las orejas o la nariz.

Sudar profusamente y evitar el contacto con los ojos también son signos de deshonestidad, aunque verbalmente puedan estar diciendo todo lo que creen que quieres oír.

Puntos clave a tener en cuenta

- Necesitas hacer las preguntas correctas para profundizar tu comprensión de la forma en que tus emociones te afectan.

- La comprensión y las pistas más vitales de nuestro estado emocional se encuentran en la forma en que nuestros cuerpos responden fisiológicamente cada vez que experimentamos una emoción (latidos del corazón, palpitaciones nerviosas en el estómago, sudor, músculos tensos y más).

- Comprender las emociones es la clave para mantener el control.

- El autocontrol y la fuerza de voluntad pueden marcar una gran diferencia en la forma en que manejas y regulas tus emociones.

- La capacidad de reconocer las emociones de los demás puede ayudarle a crear vínculos significativos, formar relaciones sólidas y tomar una decisión más informada y eficaz.

Capítulo 5: Potenciando Tus Habilidades Sociales

Las emociones son solo una parte de tu comunicación y proceso social tanto como todo lo demás.

Cuando aprendas a dominar, controlar y comunicar tus emociones de manera efectiva, estarás dominando el arte de entregar tus mensajes de manera efectiva a través de tus movimientos corporales y expresiones faciales.

La entrega verbal sigue siendo importante, pero también lo es la comunicación no hablada que tiene lugar.

Las personas emocionalmente inteligentes entienden las implicaciones de lo que pueden hacer las señales fuertes del lenguaje corporal.

Cuando las emociones que están escritas en tu cara no coinciden con lo que dices, es cuando se produce una ruptura en la comunicación.
También te ayuda a reconocer estas mismas señales emocionales en otros.

Cuando comprendes lo que alguien intenta decirte de forma no verbal a través de sus emociones y viceversa, podrás adaptar mejor tu respuesta para obtener el mejor resultado posible del encuentro.

Cada encuentro social por el que pases requerirá que leas las emociones de los demás y al mismo tiempo controles las tuyas propias.

Siempre ha sido así, excepto que puede que no le hayamos prestado mucha atención antes de la forma en que debíamos hacerlo.

Sin embargo, cuanto mejor domines tus emociones, más satisfactorio será cada encuentro.

Esa es una de las principales razones por las que los que tienen grandes habilidades de IE siempre han sido capaces de conectar bien con los demás y relacionarse con aquellos que pueden ser muy diferentes a ellos.

Las emociones son parte de lo que somos. Los humanos están conectados para ser criaturas emocionales.

En lugar de negar esos sentimientos, lo que vamos a hacer es aprender a dominar las técnicas que nos ayudarán a comunicar eficazmente nuestras emociones de una manera saludable y beneficiosa.

Las emociones, cuando se comunican positivamente, pueden ser algo bueno. Ayudan a solidificar las relaciones y a construir un vínculo afectivo con las personas más cercanas.

De la misma manera que estos sentimientos positivos pueden hacer maravillas en tus encuentros sociales, lo contrario también puede perjudicar tus relaciones, si no sabes cómo manejar tus emociones de manera efectiva.

Con cada encuentro, tus habilidades sociales mejorarán a través de la práctica, y como el dominio de tus emociones, la clave es persistir.

El poder de la comunicación verbal

> "La comunicación es una habilidad que puedes aprender. Es como montar en bicicleta o escribir a máquina. Si estás dispuesto a trabajar en ello, puedes mejorar rápidamente la calidad de cada parte de tu vida".
>
> — Brian Tracy

Si estás cansado de luchar para comunicar tus mensajes con claridad, no estás solo.

La comunicación efectiva es una habilidad que necesita ser perfeccionada a través de la práctica, que a veces puede llevar años.

La lucha por comunicar el mensaje con claridad puede ser un verdadero desafío, especialmente en ciertas situaciones sociales. Como, por ejemplo, cuando necesitas esta habilidad para lanzar un nuevo proyecto en el trabajo, conseguir un nuevo cliente o incluso conseguir el trabajo que has estado buscando en una entrevista.

La verdadera razón por la que comunicar eficazmente tu mensaje es un verdadero desafío es porque a veces es difícil mantener un mensaje conciso y sencillo cuando parece que hay tantas cosas que quieres transmitir.

Añade emociones y lenguaje corporal a la mezcla, y el proceso de comunicación se vuelve *aún más* complicado.

La comunicación verbal, como su nombre lo indica, es cuando se usan palabras para transmitir información con otros. Esto puede ser tanto en forma escrita como oral.

En este proceso, la eficacia de la entrega de tu mensaje va a depender de las palabras que elijas usar, de cómo las escuche el destinatario y de cómo se interpreten.

La elección de las palabras es importante tanto en la comunicación oral como en la escrita, y hay varias habilidades involucradas en este proceso.

Puede ir desde escribir y hablar con claridad, por ejemplo, hasta métodos más sutiles de comunicación a través de la aclaración y la reflexión.

Lo que la mayoría de la gente tiende a olvidar es que la comunicación verbal no es algo aislado. La comunicación no verbal -*expresión facial, tono de voz, lenguaje corporal*- son parte del proceso general de comunicación. Los dos no son entidades separadas.

Decir lo que hay que decir en el menor número de palabras posible es algo con lo que mucha gente tiende a luchar. Algunos incluso lo encuentran imposible.
Sin embargo, lo que tienes que aprender a hacer es conciso y simple. A veces, solo tienes unos minutos preciosos para transmitir tu punto de vista, para mantener la atención de alguien el tiempo suficiente para causar impacto.

En momentos como estos, esos pocos minutos pueden marcar la mayor diferencia.

En muchos encuentros, particularmente en los nuevos, la primera impresión que das en los primeros minutos es crucial.

La primera impresión que haces es la que va a durar más, y ese impacto se va a trasladar y determinará si la futura comunicación va a tener éxito o no.

Tratar a alguien de la manera equivocada al principio, y probablemente no querrá comprometerse contigo por segunda vez.

Afortunadamente, hay ciertas pautas que puedes seguir para ayudar a mejorar la claridad de tu comunicación verbal.

Ser capaz de hablar con eficacia va a implicar tres aspectos principales, los cuales van a afectar la forma en que tu mensaje es entendido por el destinatario:

- Tu elección de palabras
- La forma en que dices esas palabras
- La forma en que refuerzas esas palabras a través de la comunicación no verbal

Por lo tanto, para mejorar el proceso de comunicación verbal, esto es lo que debe suceder:

- **Piensa en tus elecciones de palabras -** Considera las palabras que vas a usar con mucho cuidado.
  Una palabra equivocada es todo lo que se necesita para malinterpretar el mensaje y causar un malentendido.

- **Refuerza tu mensaje -** Esto se puede lograr tanto verbalmente (a través del uso de palabras de aliento o apoyo) como no verbalmente (a través de expresiones faciales, contacto visual, lenguaje corporal y tono de voz). El uso de refuerzos ayuda a construir una relación con la(s) persona(s) con la(s) que está hablando.

El refuerzo también tiene lugar cuando muestras un interés genuino en lo que están diciendo, los tranquilizas, muestras apertura y calidez cuando les hablas, y les ayudas a sentirse lo más cómodos posible durante el proceso de comunicación.

- **Hacer preguntas -** Esta es la mejor manera de obtener perspicacia e información.

Es el enfoque más efectivo para buscar aclaración cuando no entiendes algo.

Mucha gente tiene miedo de hacer preguntas porque les preocupa parecer estúpidos o tontos, pero las preguntas son herramientas extremadamente útiles que pueden mejorar enormemente su comunicación.

Las preguntas vienen en dos formas.

Las preguntas cerradas producen una palabra o respuestas limitadas generalmente y dejan muy poco espacio para prolongar la conversación.

Es mejor dejarlas para las preguntas abiertas, que fomentan una discusión más amplia. También hay más espacio para que el hablante se explaye y se exprese con estas últimas.

- **Aclarar y Reflexionar -** Verás que la técnica de reflexión se utiliza en muchas sesiones de asesoramiento, en particular, pero se puede aplicar en varios tipos de escenarios de comunicación.

  Cuando reflexionas, estás alimentando a la otra persona con tu comprensión de lo que te acaba de decir. Esencialmente, estás parafraseando para capturar la esencia del mensaje.

  Esta es una parte útil del proceso de comunicación porque te permite aclarar que has entendido el mensaje como debía, muestra al orador que estabas prestando atención, y te da la oportunidad de demostrar empatía con tu audiencia.

- **Un breve resumen -** Proporcionar un resumen de lo que has entendido ofrece más o menos el mismo propósito que el proceso de reflexión y aclaración.

  La diferencia con éste es que ambas partes podrán revisar el mensaje juntas y llegar a un acuerdo. Esto asegura sin duda alguna que el mensaje ha sido recibido alto y claro.

Criterios de comunicación efectiva

Dominio de las habilidades sociales básicas

Las habilidades sociales no son solo la forma en que nos comunicamos con los demás.

Es necesario crear empatía para mejorar la forma en que se conecta con los demás, lo que resultará ser una habilidad especialmente útil en muchas situaciones sociales.

Como el ambiente de trabajo, por ejemplo. Puede que seas bueno en tu trabajo, pero tu “don de sociabilidad” podría estar impidiéndote el ascenso que llevas meses buscando.

La habilidad para relacionarse con la gente es -lo adivinó- otra palabra para las habilidades sociales. En el trabajo, ser bueno en tu trabajo solo te llevará hasta cierto punto. Para subir la escalera de la carrera va a requerir que tengas un conjunto extra de habilidades en tus manos, que debe ser visto como una persona con don de gentes, alguien sociable y agradable, un líder que otros empleados estarán dispuestos a seguir.

¿Por qué empatía, sin embargo?

Bueno, eso es porque la empatía es parte de un concepto más grande llamado inteligencia emocional.

Es por eso que a menudo encuentras personas emocionalmente inteligentes en las posiciones de liderazgo más altas.

Goleman describió las habilidades de la IE como la empatía como una de las cinco habilidades básicas que una persona debe poseer si quiere mejorar su inteligencia emocional es tener empatía.

Los humanos, por naturaleza, son criaturas sociales (incluso introvertidos). Nadie puede sobrevivir aislado por mucho tiempo y ser completamente feliz por ello.

Anhelamos la compañía humana a un nivel más profundo, por lo que a menudo nos rodeamos de otros para evitar la soledad.

Pero, estar rodeado de otros y ser capaz de conectar con ellos, son dos cosas completamente diferentes. Podrías estar rodeado de un gran grupo de personas en un momento dado y aún así sentirte solo porque te resulta difícil conectar con alguien.

Desafortunadamente, no todo el mundo es un ganador en el departamento de habilidades sociales.

Algunos pueden hacer que la mezcla parezca casi sin esfuerzo, mientras que otros parecen tener dificultades incluso para mantener la conversación durante 10 minutos.

La mera idea de tener que asistir a cualquier tipo de función social es suficiente para hacerlos sentir avergonzados, pero lamentablemente no se puede evitar del todo tener que pasar por situaciones sociales.

Mientras estés rodeado de gente, habrá una ocasión para ser social.

Tanto si eres introvertido como si no, hay algunas técnicas que puedes dominar para mejorar tu juego social y aprender a manejar cualquier situación social y salir adelante:

- **Llámalos por su nombre -** Cuando una persona oye que su nombre es mencionado por alguien más, su atención es inmediatamente despertada.

  Tan pronto como los llamas por su nombre, tienes su interés, e inmediatamente se interesan más en ti y en lo que tienes que decir.

- **Cambio de tono -** Si notas una cosa sobre los hablantes carismáticos, es que su tono de voz siempre está cambiando.

  Una forma monótona de hablar es la forma más segura de aburrir a tu audiencia.

Piensa en todas esas veces en las que tenías un profesor aburrido en la escuela que no paraba de hablar en un tono monótono. No pasó mucho tiempo antes de que te desplomaras y dejaras de prestar atención.

Cuando cambias el tono de voz, mantienes a la otra persona interesada y curiosa.

- **Palmas visibles -** Mostrar una palma abierta hace que la gente con la que hablas se sienta cómoda y a gusto. Sorprendente, pero cierto.

No solo tomamos nota de los ojos y la cara cuando te encuentras por primera vez, también observas sus manos, aunque no lo notes.

Este comportamiento es en realidad evolutivo, un mecanismo de supervivencia que sigue persistiendo hasta hoy. Cuando los humanos vivían al aire libre y cazaban para sobrevivir, una palma abierta representaba una no-amenaza, ya que esa persona no llevaría ningún tipo de armas.

Hasta hoy, las palmas abiertas todavía se consideran un gesto no amenazante, una sutil habilidad de lenguaje corporal que puede aplicarse para que la otra persona se sienta cómoda.

- **Pararse a un lado -** Pararse directamente frente a la persona puede ser visto como una confrontación.

  Por otra parte, si te paras ligeramente a un lado de la persona, tienes más posibilidades de tranquilizarla y de iniciar la conversación con el pie derecho.

- **Gestos con las manos -** Cuando 760 personas fueron encuestadas después de haber visto Ted Talks equivalente a 100 horas mostraron que había una correlación directa entre los gestos con las manos y el número de vistas que el video recibió.

  Curiosamente, los videos que promediaron más de 7 millones de vistas fueron los videos que tuvieron el doble de frecuencia de gestos con las manos.

  ¿Por qué los gestos con las manos son tan poderosos?

  Porque se relacionan con la audiencia usando *tanto* la comunicación verbal como la no verbal.

- **Tocamiento social -** El ex presidente de los Estados Unidos Bill Clinton fue un maestro de la técnica conocida como tocamiento social, la cual ejecutó estratégicamente,

ya que hay una fina línea entre el tocamiento efectivo y el tocamiento espeluznante.
Tienes que elegir el momento adecuado, o esta maniobra va a resultar desastrosa. Escoge el momento correcto, y podrías mejorar dramáticamente tu relación con la persona con la que estás hablando.

- **Mantener el contacto visual -** Según los psicólogos de la Universidad de Aberdeen, mantener la cantidad adecuada de contacto visual puede hacerte parecer más atractivo y agradable.

  Sin embargo, asegúrate de no exagerar, porque terminarás haciendo que la otra persona se sienta incómoda y parezca amenazante.

- **Sonrisa -** La sonrisa de una persona carismática es relajada, natural y a gusto, cálida, genuina y amigable.

  Este es el tipo de sonrisa que necesitas proyectar durante tus conversaciones con la gente.

  Sonreír instantáneamente hace que la otra persona se sienta más relajada y cómoda durante la conversación.

Cuando sonríes, instantáneamente pareces más agradable, y una sonrisa genuina ilumina tu cara, y la otra persona no puede evitar sonreír también.

Desarrollando buenas habilidades de escucha

> "Una de las formas más sinceras de respeto es escuchar lo que otro tiene que decir".
>
> — Bryant H. McGill

Hoy en día, casi todo es de alta velocidad, alta tecnología y, por supuesto, de alto estrés.

Tenemos un montón de estímulos que nuestras emociones se desencadenan más fácilmente que nunca en estos días. Las habilidades de comunicación, sociales y de inteligencia emocional son igualmente importantes hoy en día debido a esto.

Escuchar y sintonizar no solo con los demás, sino con nosotros mismos se ha convertido en algo raro en estos días, pero es justo lo que necesitamos para prosperar.

La inteligencia emocional, la comunicación y las habilidades sociales ayudan a la resolución de conflictos, construyendo relaciones genuinas y comprensión, y la resolución de problemas de una manera que el coeficiente intelectual nunca puede ser tan preciso.

La habilidad de escuchar, en particular, es una habilidad que necesita ser trabajada.
Una barrera de comunicación común - que ocurre frecuentemente en estos días - es cuando alguien decide tomar una decisión o un curso de acción sin escuchar completamente toda la información a mano.

Hacer suposiciones puede dar lugar a complicaciones porque cuando no se está bien informado se corre el riesgo de cometer más errores de los que debería.

Ser capaz de escuchar eficazmente también forma parte del proceso de comunicación efectiva.

Tanto el comunicador como el receptor deben ser capaces de escucharse mutuamente de manera efectiva mientras cada uno expresa sus puntos de vista.

La información relevante e importante corre el riesgo de no ser escuchada si no se es capaz de escuchar bien lo que el comunicador está tratando de decirle. Y en el caso del comunicador, también necesitarían poder escuchar la retroalimentación que están recibiendo si esperan mejorar sus habilidades de comunicación en el futuro.

El desarrollo de una capacidad de escucha efectiva es el cabo suelto que une todo lo demás (IE, comunicación y habilidades sociales). Esto es lo que necesitas hacer para fortalecer tus habilidades en ese departamento:

- **Priorizar la conversación cara a cara** - Esto significa que tienes que mirar directamente a la cara de la persona cuando estés hablando con ella.

  No hay que escanear la habitación mirando a otro lugar, ni examinar el teléfono ni escribir el texto, ni siquiera tratar de realizar varias tareas escribiendo en el ordenador mientras se mantiene una conversación.

El cerebro no puede concentrarse en el mensaje que se está recibiendo si no está enfocado, tratando de hacer dos cosas a la vez.
Por lo tanto, guarde los libros, el teléfono, la tableta o los papeles y demuestre el respeto mutuo entre ellos dando prioridad a la interacción cara a cara.

- **Presta atención** - Para hacer esto, necesitas estar presente, concentrado y atento.

  Si estás distraído o preocupado con otros pensamientos en tu mente, espera hasta que puedas concentrarte antes de intentar conversar.

  Cuando estás hablando con alguien, es lo único que importa en ese momento, y necesitas prestar atención si no quieres perder información vital.

- **Mantén la mente abierta** - Escucha con la mente abierta, y serás más receptivo a lo que estás escuchando.

  Juzgar u opinar es una forma de distracción, y recuerda que no puedes seguir el ritmo de la información que recibes si no prestas atención.

En el momento en que empiezas a juzgar y a distraerte con tus propios pensamientos, tu capacidad de escucha activa se ve comprometida.

- **No te entrometas -** A nadie le gusta que lo interrumpan.

  No solo porque es grosero, sino también porque hace que tanto tú como el orador pierdan la noción de lo que se trataba la conversación.

  Interrumpir muestra una falta de respeto, y estás insinuando que lo que el orador tiene que decir no es tan importante como tus opiniones.

  No te entrometas: cuando el orador pierde el hilo de su pensamiento, la conversación deja de ser efectivae.

- **Aclara durante las pausas -** Solo cuando haya una pausa en la conversación debes intervenir y usar esa oportunidad para aclarar cualquier afirmación de la que no estés seguro.

  Cualquier pregunta que haga posteriormente debe ser para aclarar más su comprensión de lo que el orador está tratando de transmitir.

- **Empatía -** Ponte en el lugar del orador y trata de sentir cada emoción que ellos sienten.

  La alegría, tristeza, angustia, frustración, felicidad, ira, lo que sea que estén sintiendo y tratando de transmitirte a través de su historia.

  Esto mejora su capacidad de escucha efectiva porque se sumerge en el mundo del orador a través de la empatía.

  Esta habilidad es el núcleo de lo que significa ser un gran oyente, a alguien le encanta hablar y derramar su corazón.

  Ser empático necesita concentración y concentración, pero el esfuerzo que se haga valdrá la pena.

- **Proporcionar retroalimentación -** Solo cuando lo pidan, ya que se supone que no debes interrumpirlos mientras están hablando.

  Pero cuando hay una pausa en la conversación o cuando el hablante pregunta *"¿Qué piensas?"*, solo entonces das tu respuesta *empática* para mostrar que entiendes por lo que están pasando.

Si están hablando de algo molesto, expresa la retroalimentación empática diciendo: *"Siento oír eso; debe haber sido horrible para ti"*.

También puedes proporcionar retroalimentación no verbal, asintiendo ocasionalmente con la cabeza en los momentos adecuados mientras están hablando, combinado con un "hmm", o incluso un "uh-huh" que sea oportuno.

- **Observar sus indicaciones no verbales** - También tendrás que prestar atención a lo que *no* se dice durante la conversación, lo que significa prestar atención a su lenguaje corporal y a las indicaciones no verbales.

  Escuchar el tono, las emociones que destellan en su cara, e incluso la forma en que su cuerpo está posicionado (está rígido o relajado) le dará una visión detallada de las verdaderas emociones que se están experimentando en ese momento.

- **Minimizar las distracciones** - Incluso la más mínima cosa, como notar a alguien moviéndose por el rabillo del ojo, es suficiente para ser una distracción.

Todo lo que se necesita es una fracción de segundo para que pierdas el enfoque, y varios segundos más para que lo recuperes. En esos pocos y preciosos segundos que se pierden, se pueden transmitir muchas cosas, pero te lo perdiste porque estabas distraído.

Cuando estés a punto de hablar con alguien, deja de lado todas las distracciones y si es posible, encuentra un lugar tranquilo y pacífico donde puedas hablar cómodamente durante unos minutos.

Apaga tu teléfono móvil o ponlo en un lugar donde no te pueda distraer la pantalla que se enciende con cada aviso, apaga la televisión (en casa), apaga el ordenador, busca una habitación vacía donde puedas cerrar la puerta detrás de ti si estás en el trabajo para minimizar las distracciones siempre que sea posible. Desconecta también el teléfono para que no suene cuando estés hablando a medias.

- **Haz que cada encuentro cuente -** Trata cada encuentro a partir de ahora como una oportunidad para practicar y perfeccionar tus habilidades de escucha.

No reserves esta habilidad solo para conversaciones que se consideren "importantes".

Trata cada conversación como si fuera importante, porque lo es. Cada encuentro es una oportunidad para aprender o descubrir algo nuevo, y es una oportunidad para practicar hasta que lo hagas bien.

Puntos clave a tener en cuenta

- Aprende a dominar, controlar y comunicar tus emociones de manera efectiva, y estarás dominando el arte de entregar tus mensajes de manera efectiva a través de tus movimientos corporales y expresiones faciales.

- La comunicación verbal se aplica tanto a la forma escrita como a la oral.

- La escucha efectiva todo se reduce a ti. Escucha más, presta atención, mantén la mente y el corazón abiertos.

- La inteligencia emocional, las habilidades sociales y las habilidades de comunicación son las claves para una escucha efectiva. Estos tres elementos deben estar presentes para que eso suceda.
- Evita interrumpir al orador a menos que haya una pausa en la conversación, o que te pidan específicamente su opinión.

Capítulo 6: Carismáticamente Enfático

Todos anhelamos relacionarnos con los demás en un nivel más profundo, uno que va más allá de las relaciones superficiales. Sentir ese profundo vínculo y conexión con los demás es un regalo que se hace posible a través de la empatía.

Nos relacionamos con los sentimientos de los demás observando su lenguaje corporal, el tono de su voz, y abriéndonos a ser conscientes de la energía emocional que vibra entre ellos y nosotros.

Afinar tus habilidades de empatía te dará no solo la capacidad de sentir lo que la otra persona hace, sino de evaluar lo que necesita.

Sabes cuando necesitan consuelo, y sabes cuando necesitan apoyo.

Sabes cuando necesitan atención, y puedes sentir cuando podrían necesitar que te apartes y les des un poco de espacio.

¿Pero podría ser malo tener *demasiada empatía*?

La empatía y su relación con el estrés

Demasiada empatía puede ser algo malo cuando empieza a afectarte más de lo que debería.

Con la empatía, intentas experimentar lo que la otra persona está pasando, lo que significa que si ellos se sienten estresados, tú también. Si se sienten ansiosos o enojados, tú sientes lo mismo.

Dependiendo de tus habilidades, podrías incluso ser capaz de sentir su dolor físico, no solo el dolor emocional, y si absorbes estas emociones en tu cuerpo y les permites quedarse, podrían empezar a secuestrar tu cuerpo y tu mente emocionalmente.

Cuando asumes las emociones de otra persona, te vuelves susceptible de sentirte infeliz o miserable. Manejar las emociones puede ser una prueba agotadora, y cuando tienes que lidiar con las emociones de otros además *de las tuyas propias*, tus niveles de energía pueden empezar a agotarse rápidamente.

La empatía, cuando se deja desenfrenada, puede conducir potencialmente a un pico en los niveles de cortisol, lo que hace que sea más difícil para ti manejar sus emociones.

Cuando permites que las emociones de otras personas te afecten, empiezas a sentirte responsable de ellas y quieres ayudarlas a superar su dolor. Empiezas a sentirte estresado por lo que puedes hacer para ayudarles a sentirse mejor.

Pero el asunto es que si tratas de ayudarlos demasiado, puedes parecer un entrometido, aunque tus intenciones sean buenas. Algunas personas solo quieren que alguien les escuche, y si intentas ayudarles, pueden sentirse incómodos, posiblemente incluso avergonzados.

En algunos casos, incluso pueden sentir que estás imponiendo o siendo irrespetuoso cuando intentas hacer demasiado, creyendo que les estás "ayudando".

Esto eventualmente comienza a afectar tu relación cuando se alejan e intentan distanciarse porque ya no se sienten cómodos expresándose contigo.

Cuando empiezan a alejarse, eso solo aumenta tu estrés por la posible pérdida de una relación.

Comprensión del estrés

> "No es la carga lo que te rompe, es la forma en que la llevas".
>
> — Lou Holtz

Sentirse preocupado, agotado y abrumado. Esos sentimientos están generalmente asociados con el "estrés".

Su definición técnica es *"cualquier emoción que sea una experiencia incómoda, seguida de una bioquímica predecible que cause cambios de comportamiento y fisiológicos"*.

Capaz de afectar a los más pequeños, el estrés no conoce limitaciones de edad. Tampoco está restringido a un género específico, ya que tanto los hombres como las mujeres pueden sentir la misma cantidad de estrés.

Esta emoción puede ser tan poderosa que es capaz de causar problemas tanto psicológicos como físicos si se experimenta durante un período prolongado.

Aunque no todo el estrés es malo, a veces puede resultar útil. Hay momentos en los que puede necesitar el estrés para darle ese impulso adicional en la motivación para que tú, a su vez, seas estimulado a la acción.

Cuando sientes que el estrés de los exámenes se aproxima, eso hace que te organices, te agaches y empieces a estudiar intensamente. O cuando se acerca un plazo inminente en el trabajo, sentirse estresado por ello te anima a concentrarte lo suficiente para hacer las cosas porque sabes que tienes que hacerlo.

Es solo que cuando el estrés se experimenta en cantidades extremas se convierte en un problema, ya que hay consecuencias potenciales para la salud que se derivan de ello.

La razón por la que experimentar estrés crónico es malo para ti es porque es persistente. Con el tiempo, el peso de esta emoción negativa va a ser debilitante tanto mental como físicamente.

El estrés crónico no es como sus estresantes diarios que pueden ser fácilmente manejados y regulados con un par de técnicas de manejo saludable.

Cuando no se trata, el estrés crónico lleva a serias condiciones de salud como insomnio, ansiedad, dolores y molestias musculares, alta presión sanguínea, e incluso un sistema inmunológico más débil.

Incluso hay investigaciones que sugieren que el estrés crónico podría causar depresión, obesidad y enfermedades graves como las enfermedades cardíacas.

El estrés es una condición muy seria a la que hay que prestar atención. Sin embargo, la encuesta de la Asociación Americana de Psicología indica que al menos el 33% de los estadounidenses todavía no hablan de las diferentes maneras en que pueden controlar su estrés con un profesional de la salud.

El estrés puede afectarte gravemente, y nadie se salva en este caso.

Algunas personas son capaces de lidiar con él más efectivamente que otras, y el estrés podría tener cualquier número de desencadenantes que lo causen también. La presión familiar y laboral, la presión de las relaciones, la presión de las tareas escolares y el manejo de las responsabilidades financieras son todos potenciales desencadenantes.

Incluso puede ser desencadenada por un cambio importante y repentino en tu vida que sea negativo, como cuando tú o alguien que conoces se ha enfermado, o has perdido tu trabajo, se ha terminado una relación y más. Incluso incidentes traumáticos como un accidente o un desastre natural son un posible desencadenante de estrés.

Sin embargo, una de las formas de estrés más difíciles de detectar es el estrés rutinario.

Cuando te has acostumbrado tanto a que el estrés forme parte de tu rutina, tu cuerpo ya no sabe cómo señalar cuando algo no está del todo bien. Deja que continúe durante el tiempo suficiente, y es entonces cuando empiezan a aparecer problemas de salud.

No todo el mundo tiende a experimentar el estrés de la misma manera.

Para algunas personas, el estrés puede provocar problemas digestivos, mientras que otras pueden experimentar dolores de cabeza y tensión muscular como efecto secundario. Dado que el sistema inmunológico está debilitado por el estrés, es más fácil para los que lidian con el estrés crónico de manera regular ser más susceptibles a las infecciones virales como el resfriado común o la gripe.

Por muy debilitante que sea, hay formas de controlar y regular los niveles de estrés.

Al igual que tus emociones, puedes mantenerlas bajo control con las siguientes técnicas de manejo del estrés:

- Reconocer cuándo tu cuerpo está dando señales de estrés.
- Una vez que hayas identificado tu condición, habla con tu médico o profesional de la salud sobre ella.

- Una forma natural de mantener el estrés bajo control es hacer al menos 30 minutos de ejercicio o actividad física varias veces a la semana.

- Sumérgete en actividades de relajación una, dos, tal vez tres o más veces por semana (dependiendo de cuál sea esa actividad). La meditación y el yoga, por ejemplo, es algo que se puede hacer diariamente en casa.

- Conéctate con las personas de tu vida que más te importan, porque pueden proporcionarte el apoyo (emocional o de otro tipo) que necesitas para ayudarte a controlar tus niveles de estrés.

- Cuando empieces a sentirte demasiado, busca la ayuda de un profesional. Si estás lidiando con la depresión y te encuentras experimentando pensamientos suicidas ocasionales, busca ayuda profesional inmediatamente.

Cómo mejorar tu carisma y tu autodisciplina

Carisma y autodisciplina, los otros dos rasgos que necesitas para ayudarte a relacionarte con los demás y mantener tus emociones bajo control.

Para tener éxito en los negocios, aprender a manejar a la gente y convertirse en un gran líder, el aumento de tus habilidades de Inteligencia Emocional es solo una parte de ello.

Necesitas carisma para tus habilidades sociales y autodisciplina que te permita mantener el control sin importar el entorno social en el que te encuentres.

Veamos primero las características de un líder carismático.

Carisma y encanto

> "El carisma es una chispa en la gente que el dinero no puede comprar. Es una energía invisible con efectos visibles".
>
> — Marianne Williamson

Un error común es que el carisma es parte de tu naturaleza y de lo que eres como persona.

Lo que mucha gente no se da cuenta es que el carisma es en realidad más sobre la forma en *que te comportas*, y las cosas que dices y haces.

Carisma y encanto y rasgos de personalidad que puedes crear para ti mismo, y ese es uno de los muchos secretos y técnicas que la gente exitosa ha puesto en juego.

Al igual que todo lo demás que tienen, se esfuerzan por ello, y construyen su carisma si no han nacido naturalmente con él. ¿Por qué?

Porque sabían que se podía hacer.

Algunas personas son carismáticos por naturaleza, pero si no eres uno de ellos, no hay razón para que no puedas serlo.

¿Cuánto sabes de gente carismática y encantadora hasta ahora?

Son agradables por una cosa, pero no puedes explicar con precisión *por qué son tan agradables.*

Tienen un cierto *"no sé qué"* que no se puede definir con exactitud.

Parecen tener un aura que fluye de ellos y que atrae a la gente.

Esa es la magia del carisma.

Como todo lo demás que hemos aprendido hasta ahora, trabajar en tus habilidades carismáticas va a requerir un poco de trabajo antes de que lo hagas, pero adoptar estas técnicas te dará una buena ventaja:

- **Estar cómodo físicamente -** Uno de los enfoques más ignorados para exudar confianza, encanto y carisma es estar cómodo físicamente.

  Es muy difícil prestar atención y dar lo mejor de ti mismo cuando estás distraído por lo picante, apretado o incómodo que puede ser tu ropa.

  Es importante usar ropa que te quede bien, y algo con lo que te sientas cómodo. No solo te verás mejor, sino que también te sentirás mucho mejor.

- **No te preocupes -** Vas a hacer que todos los demás se sientan incómodos cuando estés inquieto todo el tiempo.

  Esto envía una señal de que no estás cómodo, o que prefieres estar en cualquier otro lugar que no sea aquí ahora mismo. Presta atención, mantente enfocado, y estate presente y en sintonía con lo que pasa a tu alrededor.

- **No lo dejes escapar -** La gente carismática entiende la importancia de pensar antes de hablar en voz alta.

  Así es como minimizan los momentos en los que tienen ganas de meter la pata.

  Una palabra o una frase equivocada es todo lo que se necesita para desanimar a la gente al instante, y una vez que eso ocurre, a menudo es una batalla cuesta arriba para tratar de recuperar el favor de sus ojos.

  Las conversaciones que ocurran dejarán una impresión duradera sobre ti, sobre la forma en que te has comportado y las cosas que has dicho.

  Tu mente necesita trabajar el doble de rápido para procesar la información que recibes de la otra persona, y analizar rápidamente las cosas que planeas decir para asegurarte de que es apropiado antes de que hables.

- **La pausa de 2 segundos -** En lugar de saltar inmediatamente para responder, haz una pausa de 2 segundos antes de responder.

Esto ayuda con todo el escenario de “piensa antes de hablar”, también.

Cuando saltas de inmediato tan pronto como la otra persona ha dejado de hablar, puede que tengan la impresión de que no le estabas prestando atención, y que en cambio estabas ocupado formulando una respuesta en tu mente (lo cual probablemente estabas haciendo).

- **Proporcionar respuestas significativas -** Si quieres que la conversación se convierta en algo más, tendrás que desempeñar tu papel más allá de hacer las preguntas correctas.

  Vas a tener que aprender a dar respuestas significativas también cuando la otra persona te haga una pregunta.

  Lo ideal es que las preguntas reboten entre tú y la otra persona.

  Hacer las preguntas correctas es algo bueno, pero dar respuestas significativas es aún mejor porque la gente tendrá curiosidad y se interesará en saber más sobre ti de la misma manera que tú estás interesado en conocerlos.

- **Sé accesible** - Comienza con el pie derecho inmediatamente haciendo esta, muy simple cosa - hazte accesible.

  No tienes que hacer mucho excepto mantener un lenguaje corporal abierto y sonreír con sinceridad.

  Relájate, no te encorves para hacer parecer que estás incómodo, no cruces los brazos delante de ti (es una señal de que estás cerrado a los demás), mira a tu alrededor con interés y sonríe abiertamente con cualquiera con el que tengas contacto visual.

- **No subestimes una sonrisa** - Una sonrisa es la mejor arma para romper el hielo del lenguaje corporal que todo el mundo tiene a su disposición.

  Ilumina tu cara por completo. Si la otra persona se siente incómoda, inmediatamente comenzará a relajarse cuando vea lo cálido y amigable que pareces ser, las conversaciones se inclinan más a empezar con una nota positiva.

- **Mantente positivo** - Incluso si las emociones que sientes son cualquier cosa menos positivas en ese momento.

La gente se desanima por la negatividad. Nadie quiere tener una pequeña charla con alguien que se queja constantemente de todo.

Si no te gustaría estar cerca de alguien así, evita hacer lo mismo.

Si tienes un mal día y necesitas desahogarte un poco, es mejor no entablar una charla con nadie si tu cabeza no está en el lugar correcto.

Mantén siempre una actitud positiva, es muy importante ser amable, optimista y alegre cuando estés conversando con alguien para que se lleve una buena primera impresión de ti.

- **No hay prisa entre las frases** - No es una carrera.

  No hay necesidad de soltar una corriente de verborrea una tras otra porque temes que se produzcan silencios incómodos.

  Desencadenar un tema tras otro y una pregunta tras otra hace que la otra persona se sienta incómoda también, como si la estuvieran interrogando o algo así.

Autodisciplina y persistencia

> "Los líderes no nacen, se hacen. Y se hacen como cualquier otra cosa, a través del trabajo duro. Y ese es el precio que tendremos que pagar para lograr ese objetivo, o cualquier otro".
>
> — Vince Lombardi

Tener la intención de convertirse en una persona más auto-disciplinada no es suficiente si no estás dispuesto a mantener ese impulso.

Es lo mismo con el dominio de tus emociones. La intención de controlar y potenciar tus habilidades de IE para convertirte en un mejor líder no es suficiente.

Necesitas mantener la bola rodando, por lo que la persistencia es otro rasgo importante que debes construir como parte de tu carácter.

Tu éxito dependerá de tu habilidad para persistir incluso cuando las probabilidades no estén a tu favor.

Los contratiempos ocurrirán, se lanzarán las llaves en tu plan, y ante todo eso, debes persistir con autodisciplina para salir adelante.
La persistencia puede ser una emoción sorprendentemente gratificante.

Cada vez que te obligas a llevar a cabo una tarea, el resultado te hará sentir mucho más feliz y mejor contigo mismo.

Como parte de este efecto dominó, ese sentimiento va a llevarte a querer hacer más, a ver hasta dónde puedes llegar si solo persistes en una tarea usando la fuerza de voluntad y la autodisciplina.

Incluso si tuvieras un montón de autodisciplina, si no estás dispuesto a persistir, el éxito que debería estar a tu alcance solo se deslizará más allá de tu alcance.

La forma en que respondas a los contratiempos que enfrentes será el factor decisivo sobre cuán preparado estés para tener éxito en tu vida.

Los contratiempos tienen una forma de jugar con nuestras emociones, haciéndonos sentir desanimados, abatidos, e incluso cuestionar por qué está sucediendo esto cuando has puesto el esfuerzo que se suponía que debías. Te hace cuestionar si deberías rendirte.

Un líder fuerte, sin embargo, sabe que rendirse *no es una opción.*

Los grandes líderes nunca se rinden, simplemente se esfuerzan por ser mejores. Este es el momento exacto en el que tienes que estar a la altura del desafío, para unir la persistencia y la autodisciplina porque no se trata de lo duro que caigas, sino de tu capacidad para levantarte y desempolvarte lo que importa.

Sacúdetelo y dite a ti mismo que aún puedes hacerlo, y usa las siguientes claves para ayudarte a tener éxito:

- **Empezar en pequeño -** De nuevo, no es una carrera.

  No necesitas decidir que quieres mejorar hoy y despertarte decidido a cambiar las cosas completamente mañana.

No funciona así. El cambio -el gran cambio, especialmente- necesita tiempo (esto no puede ser suficientemente estresante).

El deseo de cambiar es un gran comienzo, pero en lugar de despertar al día siguiente queriendo hacerlo todo, empieza por lo pequeño y elige *una cosa* en la que quieras centrarte primero. Puede hacer maravillas para evitar que te sientas abrumado.

- **Sé orientado a la solución -** La clave para ganar en autodisciplina y persistencia es centrarse en la solución en lugar del problema.

  Encontrar una solución debe tener prioridad y recordarse a sí mismo que los contratiempos son solo temporales. De hecho, cada vez que te enfrentes a un contratiempo inesperado, entrena tu mente para pensar en qué solución necesitas ahora mismo, lo que te ayudará a superarlo.

  Las soluciones te mantendrán persistiendo y avanzando, usando la autodisciplina como trampolín para esa determinación de no dejar que nada te disuada.

- **Piensa en lo que quieres que se haga de forma diferente** - Sabes que quieres cambiar.

  La pregunta es, *¿qué* quieres cambiar?

  Es importante ser específico con los detalles, ya que ser vago va a hacer que sea difícil para ti tener algo concreto en lo que concentrarte.

  Si dices que quieres mejorar tus habilidades de liderazgo, *¿qué es lo que específicamente* sobre tu estilo de liderazgo crees que necesita ser trabajado?

- **Ve los contratiempos como un beneficio** - Esto es lo último que probablemente esperarías, pero aquí está la razón por la que funciona.

  Si piensas en los desafíos y reveses del pasado que enfrentaste y que lograste superar finalmente de todos modos, en lugar de mirar el lado negativo, considera las lecciones aprendidas con cada revés que te dejó.

  ¿Te hizo una persona mucho más fuerte?

  ¿Resultó ser una bendición disfrazada?

¿Añadió algo de valor a su vida de una manera que de otra manera no habría tenido la oportunidad de experimentar?

Si puedes entrenarte para ver cada contratiempo como un regalo en lugar de un elemento desmotivador, harás maravillas para transformar tu persistencia y tus niveles de autodisciplina.

- **Deshazte de los malos hábitos -** Es muy, muy importante que te deshagas de todos los malos hábitos que te han estado reteniendo todo este tiempo.

  Por eso la autodisciplina es un rasgo tan crucial, porque sin ella, puede ser muy fácil quedarse en el camino y encontrar continuamente razones por las que no se pueden hacer las cosas.

  Siempre pregúntate si estás gastando tu tiempo de la mejor manera posible para tu beneficio antes de decidir un curso de acción.

- **Nunca va a haber un momento “adecuado” -** Si siempre estás esperando el momento adecuado para empezar, vas a estar esperando para siempre.

El momento adecuado es lo que tú hagas de él, y depende de ti cómo elijas manejarte de ahora en adelante.

El tiempo es precioso, y cada momento que tienes tiene que contar para algo, eso es lo que hace un buen líder.

- **Consíguete un mentor** - Tener un modelo a seguir al que puedas admirar y en el que te puedas centrar puede hacer mucho por tus intenciones autodisciplinarias, y sirve como prueba viviente de que seguir el camino y verlo hasta el final funciona - que la autodisciplina funciona.

  Un mentor es también alguien que ha tenido más experiencia, que es algo de lo que te vas a beneficiar.

  Consíguete un mentor que te dé consejos cuando luches, te guíe cuando los obstáculos te hagan tropezar con una solución, e incluso te dé retroalimentación sobre cómo te ha ido hasta ahora.
  En este caso, un mentor puede resultar ser un activo valioso.

Puntos clave a tener en cuenta

- Demasiada empatía puede ser algo malo cuando empieza a afectarte más de lo que debería. Ten cuidado de no dejar que te afecte hasta el punto de que empiece a drenar tus niveles de energía y a afectar severamente tus emociones.

- El estrés puede afectar a los niños, y el estrés no conoce límites de edad. El estrés no se limita a un género específico solamente, ya que tanto los hombres como las mujeres pueden sentir la misma cantidad de estrés.

- El estrés crónico es malo para ti porque, con el tiempo, el peso de esta emoción negativa va a ser debilitante tanto mental como físicamente.

- Cuídate a ti mismo primero - solo entonces serás capaz de cuidar tus niveles de estrés, así como tu bienestar físico y emocional.

- El carisma y la autodisciplina son los otros dos rasgos que necesitas para ayudarte a relacionarte con los demás y mantener tus emociones bajo control.

- El carisma y el encanto son rasgos de personalidad que puedes crear para ti mismo, y ese es uno de los muchos secretos y técnicas que posee la gente exitosa.

- La autodisciplina es algo que requiere persistencia y práctica, no un logro que se pueda hacer de la noche a la mañana. Practícalo todos los días hasta que lo perfecciones, sin importar el tiempo que tome.

- La persistencia puede ser una emoción sorprendentemente gratificante.

Capítulo 7: Eso Sí Que Es Liderazgo Positivo

Ahora que sabemos que estar estresado todo el tiempo no es bueno para nuestro bienestar mental y físico, hay algo más que el estrés no es bueno para ninguno de los dos: sus niveles de productividad en el trabajo.

La importancia de crear una atmósfera positiva

Como líder, te corresponde cultivar una atmósfera de energía positiva en el lugar de trabajo, donde los empleados puedan llegar todos los días sintiéndose motivados y animados a dar su mejor esfuerzo.

Como sugieren las investigaciones, estar en un ambiente de trabajo de alto estrés, negativo y despiadado no es bueno para los niveles de productividad de nadie.

Una interesante revelación en un informe de la Asociación Psicológica Americana señaló que aproximadamente 500 mil millones de dólares o más están siendo drenados de la economía de los EE.UU. debido a estos ambientes de trabajo estresantes, sin mencionar que, como resultado, se pierden 550 millones de días de trabajo al año.

Por no mencionar los numerosos problemas de salud que ya sabemos que están asociados con el estrés que se arroja a la mezcla.

Es mucha responsabilidad sobre los hombros del líder asegurarse de que esto no suceda.

Para combatir este fenómeno de ambientes de trabajo tóxicos, un líder tiene que confiar una vez más en las habilidades de inteligencia emocional para hacer el trabajo.

De acuerdo con un estudio de Gallup, un empleado que fue retirado del lugar de trabajo experimentaba niveles de ausentismo que llegaban hasta el 37%, tenía un 60% más de defectos y errores, y en general, experimentaba un descenso de aproximadamente el 18% en los niveles de productividad en general.

En el extremo opuesto del espectro, los empleados que estaban contentos y muy comprometidos con su lugar de trabajo tenían menos tasas de rotación entre el personal y alrededor de un 100% de solicitudes de empleo.

El lugar de trabajo es donde los empleados pasan la mayor parte de su tiempo por semana, y un ambiente y una cultura de trabajo positivos y felices son cruciales para el éxito general.

Llegar a los empleados y hacerlos más felices es un objetivo que solo puede alcanzarse cuando un líder tiene las habilidades necesarias de la IE para lograrlo.

Las habilidades de la IE contribuirán en gran medida a cultivar una cultura de trabajo más saludable para ti y tu equipo de empleados cuando tú, como líder, mantengas las siguientes características de un entorno de trabajo positivo:

- Demostrar cuidado y empatía hacia tus empleados.

- Proporcionar apoyo a todos los empleados bajo su responsabilidad y animarlos a ayudarse mutuamente.

- Promueve una cultura que prioriza la amabilidad y la compasión, donde se anima a todos a ayudar a los compañeros de equipo que tienen dificultades.

- Promueve una cultura de resolución de problemas en lugar de señalar con el dedo.

- Conectar con los empleados de forma regular sobre su trabajo y las contribuciones significativas que hacen.

- Tratar a todos en la oficina con respeto, confianza y aprecio mutuos.

- Dar el ejemplo a otros empleados saliendo de su camino, e incluso más allá para ayudar a los empleados que necesitan ayuda. Un líder que se toma el tiempo extra para demostrar que se preocupa, incluso cuando no tenía que hacerlo, es un líder que inspira confianza y seguridad.

- Mantén una política de puertas abiertas y anima a los empleados a acudir a ti siempre que haya un problema del que les gustaría hablar, sin importar lo grande o pequeño que sea el asunto.

- Anima a los empleados a enorgullecerse de lo que hacen demostrando *tu orgullo* por sus logros.

Cómo tratar las quejas

Lidiar con las quejas nunca es divertido, pero es parte de lo que significa ser un líder.

Tener que lidiar con empleados emocionales, y el ocasional cliente emocional es parte del trabajo. Con las habilidades necesarias de IE, habilidades sociales, conciencia de sí mismo, carisma y autodisciplina, es fácil para un líder perder la calma ante una situación emocional muy cargada.

Las quejas nunca son una experiencia agradable con la que lidiar, pero como las emociones negativas, hay una manera de manejarlas eficazmente para poder manejar cualquier situación (incluso las quejas) con gracia y aplomo, justo como un líder debe hacerlo.

- **Necesitas dejar tus propias emociones a un lado -** Un empleado descontento ya estará pasando por una serie de emociones, y lo más probable es que se desquite contigo como la persona hacia la que dirige sus quejas.

Como no puede haber dos personas emocionales en la discusión, como líder tendrás que ser la persona más importante, dejando tus propias emociones a un lado por el momento y en su lugar, tratar de empatizar con tu personal. Tienes que ser el calmado mientras escuchas pacientemente sus preocupaciones.

Cuando tus emociones no se interponen, es más fácil pensar con la cabeza despejada en múltiples soluciones al problema.

- **No los desafíes o los despidas** - Puede parecer que no es gran cosa para ti, pero para tu empleado, sus quejas son *muy importantes.*

  Desafiar o despedir sus quejas es solo para empeorar las cosas, y no inspirará mucha confianza en el departamento de liderazgo cuando lo hagas.

- **Reconocer sus preocupaciones** - A menudo, el empleado solo quiere a alguien que le escuche.

  Quieren saber que sus opiniones y sentimientos importan.

Se esfuerzan por venir a trabajar cada día y dar lo mejor de sí mismos, y a cambio, solo quieren saber que son lo suficientemente importantes para la dirección.

Como líder, puedes hacer que se sientan mejor simplemente reconociendo sus preocupaciones y empatizando con lo que podrían estar pasando.

- **Ser adaptable y flexible -** A veces, puede que no haya una solución obvia que esté disponible de inmediato.

  En este caso, ser adaptable y flexible serán dos de las mejores habilidades a su disposición.

  Mostrarle a tu empleado que estás dispuesto y listo para hacer los ajustes necesarios solo para acomodar su solicitud y hacerlos sentir mejor, dejará una impresión duradera.

  Cuando un empleado se siente agradecido y feliz, su motivación y niveles de productividad se verán beneficiados como resultado.

- **Agradece a tu empleado -** Puede parecer extraño agradecer a alguien que está descargando sus emociones en ti, pero es efectivo.

Si lo piensas, el empleado confió en ti lo suficiente como para acudir a ti con sus quejas, esperando una solución, y deberías agradecerle esa confianza para hacerle saber que lo aprecias.

No solo serán tomados por sorpresa, sino que habrás logrado apaciguar a un empleado que de otra manera estaría extremadamente enojado o frustrado solo con esas dos simples palabras.

- **Sé comprensivo -** Apoyar a tu empleado que se queja puede ser de varias formas.

  Puede haber momentos en los que escuchar a solas es todo el apoyo que necesitan.

  Otras veces, sentir empatía y ofrecer una solución es el apoyo que su empleado está buscando.

  Escuchar activamente es importante aquí, ya que le da una idea del tipo de apoyo que pueden necesitar.

- **Ofrecer una disculpa sincera cuando sea necesario -** Dependiendo del tipo de queja que tu empleado plantee, si una disculpa sincera está en orden, no dudes en darla.

"Lamento que se sienta así" o *"Lamento que haya tenido que lidiar con eso, déjeme ver qué puedo hacer para ayudar"* le hace saber a tu empleado que sientes sinceramente las molestias o inconvenientes que puedan haber experimentado, y este intento sincero de entenderlo no pasará desapercibido.

- **No te olvides del seguimiento -** Es fácil olvidarse del problema cuando está fuera del camino, pero ir más allá haciendo un seguimiento con tu personal después de una semana de resolver el problema les hace saber que cuando dijiste que te importaba cómo se sentían, lo decías en serio.

Un empleado que cree que su líder se preocupa es más probable que permanezca leal a la organización porque no todos los líderes son capaces de demostrar las habilidades de la IE necesarias para el éxito.

Un simple seguimiento es todo lo que se necesita para despertar todo tipo de emociones positivas y felices dentro de su empleado y dejarlos sintiéndose bien consigo mismos porque alguien se preocupó de preguntarles cómo estaban.

Tomar decisiones inteligentes sin respuestas emocionales

Nos guste o no, no se puede negar que las emociones son parte de la fuerza motriz de muchas de las decisiones que tomamos cada día.

Por lo tanto, ya que van a afectarte, de cualquier manera, podrías dar un buen uso a esas emociones y tomar decisiones más inteligentes a través de la inteligencia emocional.

Decisiones inteligentes, *pero sin la reacción demasiado emocional que las acompaña.*

Esa es la diferencia.

Tus emociones pueden jugar un papel entre bastidores, pero gracias a tus habilidades desarrolladas en la IE, nadie lo sabe excepto tú cuando no va acompañado de una reacción emocional explosiva.

Todos las sentimos. No hay nadie que pueda bloquear sus sentimientos por completo, aunque lo intenten.

Las emociones son una gran parte de lo que nos hace humanos. Por sí solas, las emociones no son algo malo, y pueden ser responsables de muchas de las buenas decisiones que tomamos.

La decisión de ayudar a alguien necesitado está impulsada por la compasión.

La decisión de tomar mejores decisiones está motivada por la felicidad.

Es solo cuando las emociones se salen de control y nos llevan a tomar malas decisiones que se convierte en un problema.

Tomar decisiones inteligentes se vuelve casi imposible cuando tu juicio se ve comprometido por las emociones abrumadoras que sientes.

Una vez que hayas afinado tus habilidades de IE, tomar decisiones inteligentes sin la subsiguiente reacción emocional exagerada se convierte en una tarea más fácil de manejar.

Las emociones siempre serán parte de lo que somos, y en lugar de luchar contra ellas, deberíamos abrazarlas y aprender a trabajarlas a nuestro favor.

- **Encuentra tu equilibrio emocional** - Tomar decisiones sin una respuesta impulsiva y emocional solo puede suceder una vez que hayas encontrado el equilibrio.

  Sin la regulación emocional adecuada, hay muchas variables que tus emociones podrían hacerte pasar por alto. Equilibra tus emociones primero resolviendo cualquier emoción perturbadora que pueda estar experimentando antes de intentar abordar el proceso de toma de decisiones.

- **Modifica la forma en que responde** - No pierdas de vista el hecho de que las emociones pueden servir como indicadores muy importantes sobre cómo nos sentimos y qué está motivando nuestras decisiones.

  En lugar de tratar de suprimirlas o luchar contra ellas, tómate el tiempo necesario para procesarlas.

  Modula la forma en que respondes, y minimiza el riesgo de que haya arrebatos emocionales de tu parte.

- **Aprende a confiar en tu intuición** - Tu instinto te hace saber que algo no está bien.

Una vez que hayas visto la situación y sopesado todos los pros y los contras, aprende a confiar en tu intuición con la decisión que has tomado.
Si no te sientes bien con ello, es tu instinto el que te dice que tal vez esta no fue la mejor decisión a tomar después de todo.

- **No te precipites -** El momento adecuado es todo en la toma de decisiones.

  Con demasiada frecuencia, cuando nos apresuramos a decidir algo, resulta ser la elección equivocada porque no nos dimos el tiempo suficiente para pensarlo bien.

  Tómate todo el tiempo que necesites para tomar la decisión correcta, y mejora tus posibilidades de tomar decisiones inteligentes.

- **Combina tu corazón y tu mente -** Pueden ser dos entidades separadas, pero combinadas, pueden producir algunas de las mejores decisiones que jamás hayas tomado.

  Deja ir las emociones que impiden tu progreso, y abraza las emociones que te harán dar varios pasos adelante.

Cuando combinamos el equilibrio emocional con la claridad mental, es cuando se toman las decisiones más inteligentes.

- **Presta atención a los hechos** - Evita que tus emociones eclipsen los hechos que están frente a ti.

Las emociones *no son hechos*, y hay una fina línea entre dejar que influyan en tu decisión y darles el control total.

Antes de llegar a una decisión concluyente, pregúntate siempre si has analizado los hechos por completo y si tu decisión es más racional y lógica que emocional.

Construyendo la inteligencia emocional dentro de los grupos

Vanessa Urch Druskat y Steven B. Wolff, los cerebros detrás de los resultados de la investigación *Building the Emotional Intelligence of Groups* afirman que las habilidades de la IE fueron el principio subyacente sobre el cual se construyeron efectivamente los equipos exitosos.

Druskat y Wolff también creían que este proceso era algo que no podía ser imitado, y que debía surgir de las habilidades genuinas de la IE a nivel de grupo.

Para ilustrar su punto, Druskat y Wolff recurrieron a esta analogía para resumir su punto:

> *"Puedes enseñar a un estudiante de piano a tocar el Minuet en Sol, pero ese estudiante nunca se convertirá en un Bach de hoy en día si no conoce la teoría musical y la habilidad de tocar con el corazón".*

Una mayor IE aporta un mayor liderazgo en el lugar de trabajo, mejores decisiones, mayor eficiencia del equipo y mejores relaciones. Cuando la Inteligencia Emocional Grupal (o IGE como la llaman Druskat y Wolff), un equipo se vuelve poderoso. Druskat y Wolff esbozados con GEI pueden hacer por la compañía en la tabla de abajo:

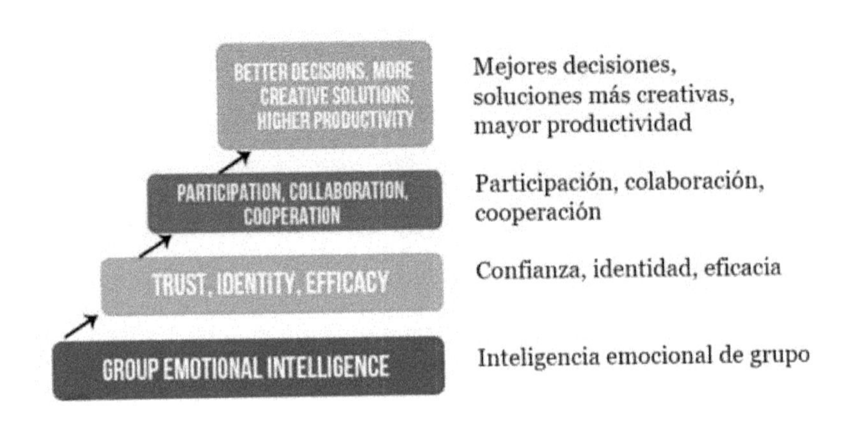

Fuente: Vanessa Urch Druskat y Steven B. Wolff

Como vemos, para que se produzca la Inteligencia Emocional Grupal (GEI) se necesita *confianza, identidad, eficacia, participación, colaboración y cooperación*. Los siguientes rasgos deben estar presentes, y aquí está el porqué:

- **Cuando hay confianza,** nacen relaciones de trabajo mayores y más efectivas entre el líder, los miembros del equipo y los colegas.
  No se puede trabajar bien con alguien en quien no se confía, y sin este tipo de comunicación honesta, se hace imposible trabajar como grupo.

  La confianza te permite sentirte lo suficientemente seguro como para revelar tus debilidades y estar lo suficientemente dispuesto a trabajar en equipo para superarlas.

- **Cada miembro del equipo debe tener un sentido de identidad.** Un grupo está compuesto por varios individuos únicos, cada uno con sus propios talentos y fortalezas.

  Trabajar en un grupo no significa que este aspecto deba ser pasado por alto, y el GEI pide que cada miembro del equipo sea valorado por sus talentos únicos.

Cuando los miembros del equipo sienten que sus contribuciones están siendo apreciadas individual y colectivamente como grupo, su sentido de pertenencia y conexión con el grupo se profundiza.

- **La eficacia en un grupo** allana el camino para que se produzca la colaboración y la cooperación.

  Todos los miembros del grupo necesitan creer que trabajan bien juntos como equipo. Que juntos pueden producir resultados mucho mejores que los que podrían lograr por su cuenta.

- **Cuando a los líderes se les encomienda la tarea de fomentar la participación entre los individuos dentro de una organización,** esto se convierte en una meta más fácil de lograr cuando se puede demostrar que su equipo tiene altos niveles de GEI.
  Aquellos que aún no son parte de su equipo estarán ansiosos por unirse una vez que vean cuán efectivamente el equipo se desempeña, gracias a las capacidades de GEI que están presentes.

- **El GEI también lleva a una mejor cooperación** entre todos los involucrados.

Con la capacidad de regular las emociones, la empatía con los demás, las habilidades sociales y la motivación necesarias para lograr una meta, un equipo no tiene problemas para trabajar en conjunto con honestidad, respeto mutuo y apoyo hasta que se haya alcanzado esa meta.

- **Colaborar hacia una meta común** es una aventura a largo plazo, y de nuevo, algo que solo se puede lograr a través del GEI.
  Como líder, depende de ti fomentar mayores habilidades del GEI dentro del equipo si esperas lograr mayores resultados.

  Al igual que la cooperación, un equipo trabaja mejor en conjunto cuando tiene la capacidad de regular las emociones, empatizar con los demás y tener las habilidades sociales y la motivación necesarias para apoyarse mutuamente.

Los líderes fomentan el GEI dentro de sus equipos creando el tipo de condiciones adecuadas en las que los miembros de su equipo pueden trabajar en el desarrollo de las habilidades de EI que necesitan.

Crear esas condiciones es bastante simple, y solo se necesitan 3 cosas para hacerlo:

- Un sentido de identidad colectiva
- Un sentido de confianza
- Eficacia dentro del grupo

Mientras tengas estas 3 condiciones presentes, estarás en camino de construir tu escenario ideal de GEI.

Ahora, para fomentar los 3 elementos necesarios por encima de lo que necesitas, hay varias cosas que debes hacer como líder. Antes de que trabajes en eso, sin embargo, necesitas *trabajar en ti mismo primero*.

Necesitas ser consciente y aprender a reconocer tus propias emociones antes de intentar reconocerlo en los miembros de tu equipo.

Un líder necesita demostrar la capacidad de mantener la calma cuando los demás pierden la compostura.

Un líder es alguien que necesita estar siempre al tanto de lo que está pasando, y la gente busca en ti la retroalimentación que necesitan.

El GEI no puede existir sin un líder que muestre a todos los demás lo que necesitan hacer.

Necesitas dar a los miembros de tu equipo una razón para respetarte, actuando siempre educadamente y respetuosamente con ellos a cambio.

Muestra tus propias habilidades de la IE mostrándoles tu voluntad de cambiar y adaptarte a los errores que se cometieron en el pasado.

Escucha cuando tu equipo tenga nuevas ideas que quieran compartir contigo. Un equipo nunca puede alcanzar el nivel de inteligencia emocional necesario si su propio líder no tiene las habilidades de la IE necesarias para el trabajo.

Cuando eso esté en su lugar, pueden entonces empezar a trabajar en cultivar las 3 condiciones necesarias para el GEI en un equipo con los siguientes métodos:

- **Reconocer la fuerza y la debilidad** - Un gran líder aprovecha las fortalezas de sus miembros y las utiliza para compensar cualquier debilidad.

  Un líder emocionalmente inteligente sabe que un empleado es mucho más que el trabajo que está haciendo. Sus individuos únicos e interesantes con su propio conjunto de talentos, habilidades y conocimientos que le abren una gran cantidad de nuevas oportunidades.

Un líder cultiva la IE en un equipo aprovechando al máximo las fortalezas de cada miembro al conectarse con ellos a nivel personal.

- **Inspirar pasión -** Cuando un equipo no tiene pasión por lo que está trabajando, no está motivado para seguir adelante.

  Formar el equipo adecuado es más que elegir a las personas adecuadas que casualmente tienen las habilidades que necesitas. Se trata de elegir las habilidades que también encajan en la cultura de la empresa, gente que aporta su pasión a su profesión todos los días porque tú les has dado el ejemplo.

  Un par de maneras de mantener esa pasión dentro de un equipo es reconocer todo el trabajo duro y los logros de su equipo. Hacer que se sientan valorados y ser flexibles cuando tengan una necesidad.

- **Estableciendo el estándar para las normas en un equipo -** Druskat y Wolff, al hablar de la construcción de las habilidades de la IE dentro de un grupo, dijeron esto:

"El GEI se basa en pequeños actos que terminan haciendo una gran diferencia. No siempre se trata de tener miembros de equipo que trabajan toda la noche tratando de cumplir con los plazos. Se trata de AGRADECERLES por hacerlo. No se trata de discutir las ideas a fondo. Se trata de preguntar al miembro silencioso del grupo lo que piensa. No se trata de que todos se gusten, de que haya armonía y no haya tensión en el grupo tampoco. Se trata de reconocer cuando hay tensión no expresada, falsa armonía, y tratar a todos con respeto".

Este es el tipo de estándar que necesitas establecer para tu equipo.

- **Manejo creativo del estrés -** El trabajo siempre va a tener sus desafíos, pero un equipo con GEI presente no dejará que estos contratiempos los afecten tanto.

Un líder fomenta el GEI introduciendo técnicas de manejo creativo del estrés para ayudar a su equipo a mantener sus niveles de estrés al mínimo.

Las técnicas creativas de manejo de estrés podrían incluir animar al equipo a tomar un descanso del trabajo y desconectarse un poco para recargar sus niveles de energía, o animarlos a enfocarse en una tarea a la vez en vez de tratar de hacer varias tareas y dividir su enfoque.

- **La voz del equipo** - En una dinámica de grupo, las opiniones de todos importan, no solo las del líder.

  Fomenta el GEI en tu equipo animando a cada miembro a tener una voz, a hablar y a compartir sus pensamientos e ideas.

  Haz que tu equipo se reúna, haga una lluvia de ideas y colabore para construir sobre una idea y ver cómo se puede mejorar para el beneficio de todos los involucrados.

- **Trabajo y juego** - Los empleados que trabajan y juegan juntos se mantienen juntos como un equipo.

  Crear lazos con los colegas fuera del trabajo es un importante ejercicio de construcción de relaciones. Ayuda a todos a disfrutar de la compañía de los demás sin pensar en el trabajo para variar, y ese vínculo de amistad se mantendrá y alimentará su motivación cuando llegue la hora de la verdad.

Los colegas que pueden ser amigos y estar en la vida de los demás tienden a reunirse y trabajar mucho más.

Ya no son solo individuos que se reúnen en la oficina y tratan de lograr un objetivo juntos.

Son amigos que intentan ayudarse mutuamente, y ese es el tipo de cultura que llevará al equipo más lejos a largo plazo.

Puntos clave a tener en cuenta

- Es responsabilidad del líder cultivar una atmósfera de energía positiva en el lugar de trabajo.

- Las habilidades de la IE contribuirán en gran medida a cultivar una cultura de trabajo más saludable.
- Lidiar con las quejas nunca es fácil, pero con las habilidades de la IE, las habilidades sociales, la conciencia de sí mismo, el carisma y la autodisciplina, es posible hacerlo bien.

- Una vez que has afinado tus habilidades de EI, tomar decisiones inteligentes sin la subsiguiente reacción emocional excesiva se convierte en una tarea más fácil de manejar.

- Para que se produzca la Inteligencia Emocional Grupal (GEI) se necesita *confianza, identificación, eficacia, participación, colaboración y cooperación.*

- El GEI no puede existir sin un líder que muestre a todos los demás lo que tienen que hacer.

- Los líderes fomentan el GEI creando el tipo de condiciones adecuadas para que los miembros del equipo puedan trabajar en las habilidades de la IE que necesitan.

Conclusión

¡Gracias por llegar hasta el final de este libro! Espero que haya sido informativo y que te haya proporcionado todas las herramientas que necesitas para alcanzar tus objetivos, sean cuales sean.

La capacidad de comprender y responder adecuadamente a las emociones, superar el estrés y ser consciente de tus palabras y acciones y de cómo afectan a los demás es el único camino para ser el líder efectivo que siempre has querido ser.

Piensa en tu inteligencia emocional ahora como un músculo.

Para fortalecer ese músculo y construirlo hasta donde quieres que esté, debes ejercitarlo de manera consistente.

Todo lo que has aprendido en este libro es el equipo de ejercicios que necesitas para fortalecer ese músculo hasta que eventualmente se vuelva lo suficientemente fuerte para hacer la diferencia.

La inteligencia emocional no es algo que simplemente va a florecer y desarrollarse de la noche a la mañana. Será un *viaje* que requiere compromiso, perseverancia y trabajo duro.

Nada que merezca la pena se vuelve fácil, pero cuanto más duro se trabaje por ello, más gratificante será la experiencia.

Todos sabemos que dejar que nuestras emociones se eleven nunca es algo bueno. Porque es tan poderoso, que hace de la inteligencia emocional uno de los activos más valiosos que podemos cultivar para nosotros mismos.

No hay nada como tener habilidades de Inteligencia Emocional para lograr un cambio para mejor.

Finalmente, si encontraste este libro útil de alguna manera, ¡una crítica en Amazon siempre es apreciada!

Lightning Source UK Ltd.
Milton Keynes UK
UKHW020635171120
373555UK00011B/582